JN426767

| 초급 |

친절한 한국어 1

FRIENDLY KOREAN

부산대학교 언어교육원 지음

The Language Education Institute of the Pusan National University

PNU Press

Friendly Korean 1 (3rd edition)

The Language Education Institute of the Pusan National University
Telephone : +82-51-510-1984
Fax : +82-51-514-3944
E-mail : foreign@pusan.ac.kr
http://international.pusan.ac.kr

Published by PNU press Publishing Co.
Busandaehakro 63 beongil 2(Jangjeon-dong), Geumjeong-gu, Busan 609-735, Korea
Telephone : +82-51-510-1932
Fax : +82-51-512-7812
E-mail : pnupress@hanmail.net
http://press.pusan.ac.kr

Second edition published 2019
Printed in Korea

Copyright ⓒ 2019 by PNU press Publishing Co., The Language Education Institute of the Pusan National University
All rights reserved. No Part of this book or recordings there of may be reproduced, stored in a retrieval sysytem or tranmitted in any form or means, electronic, mechanical, photocopying, recording or otherwise, without prior written permission from the copyright owner.

ISBN : 978-89-7316-630-5 14710
ISBN : 978-89-7316-600-8 SET

Contents

목차

친절한 한국어 1

책을 펴내면서

1960년대부터 시작된 외국어로서의 한국어 교육은 학습 목적에 맞는 다양한 교재의 개발과 체계적인 한국어 교수법의 연구 등 내실 있는 발전을 위한 노력이 계속되고 있다. 이후 계속된 연구를 통해 현재는 외국어 학습의 목적이 이해에서 그치는 것이 아닌 기능을 중심으로 한 사용으로 확대되어야 한다는 인식이 자리를 잡아가고 있다.

〈친절한 한국어〉는 이러한 한국어 교육의 흐름에 부합하고자 2007년 초급 교재의 개발에 착수한 이래 몇 번의 개정을 거쳐 이번에 전면 개편에 이르게 되었다. 국내외 한국어 교육 환경의 변화나 학습자 성향, 학습 목적 등의 변인이 생기면서 그에 맞는 전면 개편의 필요성이 대두했기 때문이다.

〈친절한 한국어〉는 듣기, 읽기, 말하기, 쓰기의 통합 교재로 주제나 기능 면에서 초급에서 중·고급까지 연계되도록 구성되었다. 각 급에서 필요한 언어적 기능 및 통합 교재로서의 기능을 수행하도록 하면서 특히 말하기 능력을 강화할 수 있도록 구성하였다. 이를 위해 문법 인지를 위한 지문을 모두 상황과 맥락이 있는 대화문으로 구성하고 문법 내용 인지와 간단한 연습 후 〈말해 봅시다〉를 통해 문법을 내재화할 수 있는 활동으로 구성하였다.

듣기나 읽기도 다양한 주제와 상황을 가미하여 실생활에서 활용할 수 있도록 하였고 후 활동으로 말하기 활동을 연계하도록 구성하였다. 급수에 따라 개인적인 주제와 사회적인 주제의 비율을 적절히 조정하였고 주제에 맞게 뉴스나 책, 방송 매체 등 다양한 매체를 활용하였다. 또한 듣기나 읽기에서 충분히 나룬 주제를 쓰기로 연계하면서 필요에 따라 글의 종류에 맞게 구성하는 글쓰기 방법도 제시하였다.

중급부터는 〈속담〉, 〈관용어와 의태어〉 등의 문화 항목을 추가하여 한국어와 더불어 한국의 문화를 이해할 수 있도록 구성하였고 내용에 맞는 삽화를 추가하여 한국어 및 한국 문화 학습에 재미를 더하였다. 이러한 항목들을 통해 한국어뿐만 아니라 한국에 대한 깊이 있는 이해와 한국 문화에 대한 소양도 갖출 수 있도록 하였다.

이번 〈친절한 한국어〉 개편은 많은 분들의 노고와 정성이 있었기에 가능한 일이었다. 연일 사상 최대라는 무더위에 휴일도 반납하고 집필에 힘을 쏟아 주신 교재개발팀 선생님들과 꼼꼼하게 검수해 주신 언어교육원 선생님들, 그리고 책이 발간되기까지 아낌없이 지원해 주신 행정실 직원분들, 그 밖에 출판부 담당자분들을 비롯한 많은 분들에게 감사의 말씀을 전하고 싶다.

아울러 많은 이들의 땀과 정성의 결실인 〈친절한 한국어〉가 한국어와 한국 문화를 배우려는 국내외의 많은 외국인 학습자들의 한국어 학습에 큰 도움이 되기를 바란다.

2019년 8월

부산대학교 언어교육원

원장 강남현

• 단원표지

단원 제목 : 단원의 주제 및 문법을 노출하여 각 과의 학습 내용을 추측할 수 있도록 하였다.

삽화 : 학습자들의 흥미와 동기를 유발할 수 있도록 구성하여 단원의 내용을 알 수 있게 하였다.

학습 목표 : 문법 항목 및 각 영역의 소제목을 제시하여 각 단원에서 배워야 할 것이 무엇인지 분명히 알고 학습의 방향을 세울 수 있도록 하였다.

3과 한국 생활이 어때요?

학습목표

| 대화 한국어 공부
| 듣고 말하기 한국 생활

| 듣기 방 소개
| 읽기 부산 소개
| 쓰기 고향 소개

| 문법과 표현1 -아/어요
| 문법과 표현2 안
| 문법과 표현3 -ㅂ니다/습니다

| 어휘+
형용사
ㅂ불규칙

• 대화

대화 지문 : 목표 문법과 어휘를 포함한 모범 대화문을 통해 학습 목표와 관련된 여러 의사소통 상황을 학습하도록 하였다.

이야기해 봅시다 : 〈대화〉에서와 유사한 상황이나 맥락을 제시하여 스스로 대화를 구성할 수 있도록 하였다.

그리고 각 영역마다 〈단어장〉을 제시하여 새로운 어휘를 학습할 수 있도록 하였다.
그리고 〈단어 색인〉을 제시하여 학습한 어휘를 쉽게 찾아 볼 수 있게 하였다.
학습 주제에 따라 반드시 필요한 어휘는 사용 빈도가 낮더라도 포함시켰다.

단어장
한국어
공부
아주
조금

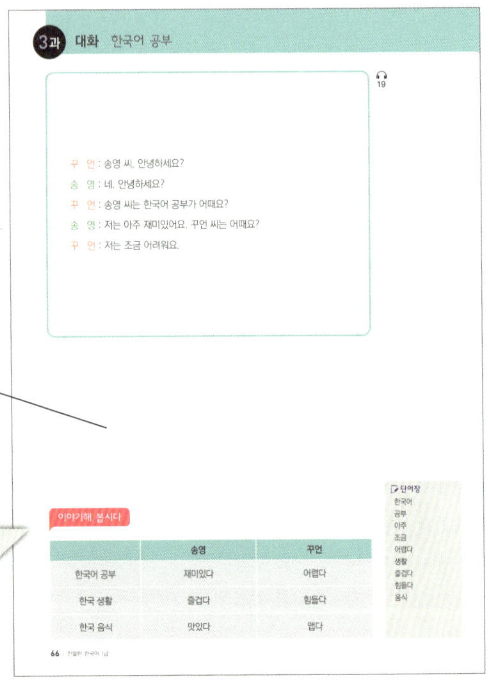

3과 대화 한국어 공부

19

꾸언 : 송영 씨, 안녕하세요?
송영 : 네, 안녕하세요?
꾸언 : 송영 씨는 한국어 공부가 어때요?
송영 : 저는 아주 재미있어요. 꾸언 씨는 어때요?
꾸언 : 저는 조금 어려워요.

이야기해 봅시다

	송영	꾸언
한국어 공부	재미있다	어렵다
한국 생활	즐겁다	힘들다
한국 음식	맛있다	맵다

단어장
한국어
공부
아주
조금
어렵다
생활
즐겁다
힘들다
음식

66 | 친절한 한국어 1급

• 문법과 표현

예문 : 실제 상황을 반영한 예문을 통해 목표 문법이 언제, 어떻게 사용되는지를 알 수 있게 하였다.

연습 : 대화형 연습 문제를 통해 문법의 활용도를 높여 학습자가 이해했는지를 확인할 수 있도록 하였다.

말해 봅시다 : 제시된 대화 틀을 활용하여 대화를 구성하거나 목표 문법을 사용하여 주제에 맞는 질문과 대답을 할 수 있게 하였다. 이러한 활동을 통해 단순 교체 연습에 끝나지 않고 스스로 대화문을 구성하면서 담화에 대한 이해력을 기를 수 있다.

3과 문법과 표현 1

–아/어요

ㅏ, ㅗ (O)	-아요	가다	가 + -아요 → 가요
		오다	오 + -아요 → 와요
		많다	많 + -아요 → 많아요
		좋다	좋 + -아요 → 좋아요
ㅏ, ㅗ (×)	-어요	적다	적 + -어요 → 적어요
		맛있다	맛있 + -어요 → 맛있어요
		배우다	배우 + -어요 → 배워요
		느리다	느리 + -어요 → 느려요
하다	-해요	깨끗하다	깨끗하다 → 깨끗해요

※ 크다 + -어요 → 커요, 덥다 + -어요 → 더워요

연습 • 〈보기〉와 같이 그림을 보고 쓰세요.

〈보기〉 가 : 사과가 어때요? 나 : 맛있어요.

1. 가 : 라면이 어때요? 나 : ______
2. 가 : 방이 어때요? 나 : ______
3. 가 : 날씨가 어때요? 나 : ______

단어장: 가다, 오다, 많다, 좋다, 적다, 맛있다, 배우다, 느리다, 깨끗하다, 크다, 덥다, 사과, 라면, 날씨, 무겁다, 가볍다

말해 봅시다

• 〈보기〉와 같이 그림을 보고 이야기하세요.

보기 가 : 가방이 무거워요? 나 : 아니요. 가벼워요.

1. 2. 3.

3과 한국 생활이 어때요? | 63

• 듣고 말하기

듣기 지문 : 다양한 주제를 듣기 자료로 제시하여 내용과 관련된 정보를 얻고 어휘나 표현을 확장할 수 있게 하였다.

이야기해 봅시다 : 제제시된 대화 틀을 듣기 대화문에 활용하여 스스로 대화를 구성하거나 듣기 내용을 바탕으로 자유롭게 자신의 생각을 이야기할 수 있도록 하였다.

3과 듣고 말하기 한국 생활

20

안녕하세요? 저는 송영입니다. 중국 사람입니다. 대학생입니다. 한국 생활이 아주 바쁩니다. 한국어 공부가 안 어렵습니다. 쉽습니다. 그리고 한국 친구가 많습니다. 친구들이 친절합니다.

단어장: 대학생, 그리고, 친절하다

이야기해 봅시다

• 여러분은 한국 생활이 어때요? 친구들과 이야기하세요.

안녕하세요? 저는

3과 한국 생활이 어때요? | 67

• 듣기

삽화 및 사진 : 듣기 전 단계로 주제와 관련된 정보를 이야기하면서 들을 내용을 예측하고 주제에 대한 배경 지식을 활성화할 수 있게 하였다.

듣기 문제 : 듣기 단계에서 들은 내용을 이해하였는지 확인하는 문제를 제시하였다.

이야기해 봅시다 : 들은 후 단계로 들은 내용과 관련된 주제에 대해 자신의 경험이나 생각을 자유롭게 이야기해 보도록 하였다.

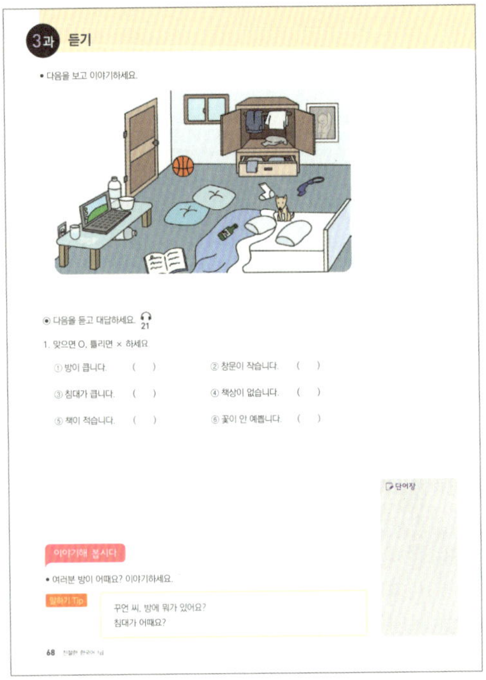

3과 듣기

• 다음을 보고 이야기하세요.

◉ 다음을 듣고 대답하세요. 21

1. 맞으면 O, 틀리면 × 하세요.

① 방이 큽니다. ( ) ② 창문이 작습니다. ( )

③ 침대가 큽니다. ( ) ④ 책상이 없습니다. ( )

⑤ 책이 적습니다. ( ) ⑥ 꽃이 안 예쁩니다. ( )

단어장

이야기해 봅시다

• 여러분 방이 어때요? 이야기하세요.

말하기 Tip

꾸언 씨, 방에 뭐가 있어요?
침대가 어때요?

68

• 읽기

삽화 및 사진 : 읽기 전 단계로 주제와 관련된 정보를 이야기하면서 읽을 내용을 예측하고 주제에 대한 배경 지식을 활성화할 수 있게 하였다.

읽기 지문 : 다양한 유형의 글을 읽기 자료로 제시하여 내용과 관련된 정보를 얻고 어휘나 표현을 확장할 수 있게 하였다.

읽기 문제 : 읽은 내용을 문단별로 정리한 후 내용을 이해하였는지 확인하는 문제를 제시하였다.

이야기해 봅시다 : 읽은 후 단계로 읽은 내용과 관련된 주제에 대해 자신의 경험이나 생각을 자유롭게 이야기해 보도록 하였다.

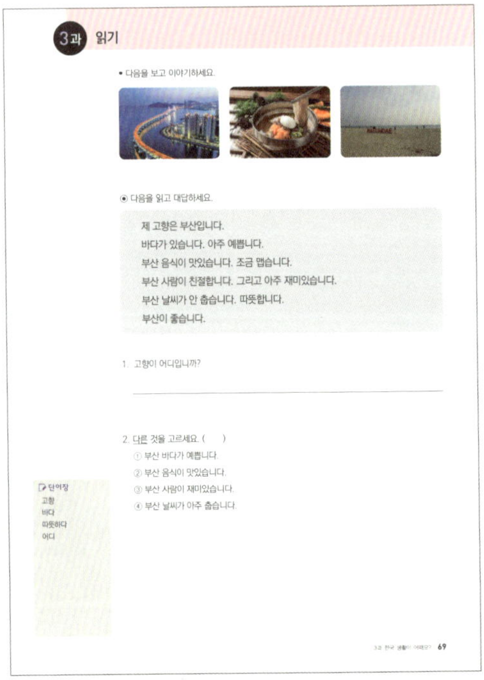

3과 읽기

• 다음을 보고 이야기하세요.

◉ 다음을 읽고 대답하세요.

제 고향은 부산입니다.
바다가 있습니다. 아주 예쁩니다.
부산 음식이 맛있습니다. 조금 맵습니다.
부산 사람이 친절합니다. 그리고 아주 재미있습니다.
부산 날씨가 안 춥습니다. 따뜻합니다.
부산이 좋습니다.

1. 고향이 어디입니까?

2. 다른 것을 고르세요. ( )

① 부산 바다가 예쁩니다.
② 부산 음식이 맛있습니다.
③ 부산 사람이 재미있습니다.
④ 부산 날씨가 아주 춥습니다.

단어장
고향
바다
따뜻하다
어디

69

- **쓰기**

개요 쓰기 : 각 단원과 관련된 주제를 선정하였다. 글을 쓰기 전에 개요를 작성하여 글쓰기를 준비할 수 있게 하였다.

원고지 쓰기 : 개요를 바탕으로 다양한 주제의 글을 써 보는 연습을 하게 하였다.

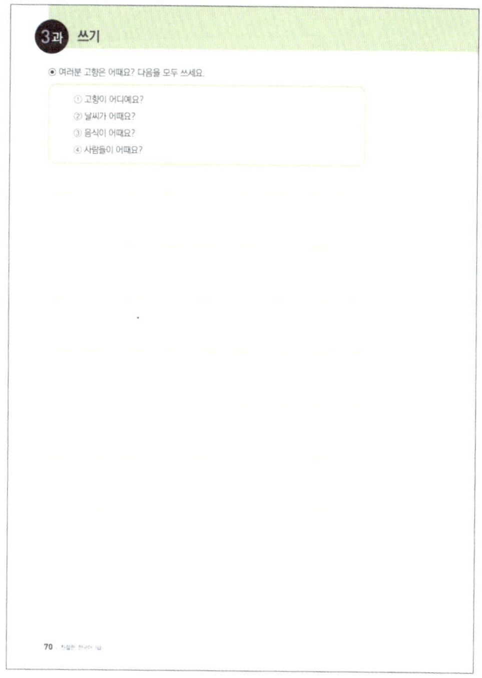
3과 쓰기

⦿ 여러분 고향은 어때요? 다음을 모두 쓰세요.

① 고향이 어디예요?
② 날씨가 어때요?
③ 음식이 어때요?
④ 사람들이 어때요?

70

- **어휘+**

각 단원의 주제와 관련된 어휘 및 문법을 제시하거나 확장하였다.

3과 어휘+

형용사 어때요?

'ㅂ'불규칙

맵다 + 어요	→	매워요	김치가 매워요.
춥다 + 어요	→	추워요	날씨가 추워요.
뜨겁다 + 어요	→	뜨거워요	물이 뜨거워요.
더럽다 + 어요	→	더러워요	방이 더러워요.
어렵다 + 어요	→	어려워요	한국어가 어려워요.
무겁다 + 어요	→	무거워요	가방이 무거워요.

3과 한국 생활이 어때요? | 71

단원	제목	문법과 표현	대화	듣고 말하기
1	안녕하세요?	은/는 -입니다, 은/는 -입니까? 네. -입니다 아니요. 이/가 아닙니다	직업	나라
2	이게 뭐예요?	이게 뭐예요? -이에요 / 예요 이/가 있어요 / 없어요 이/가 있습니다 / 없습니다	물건	우리 교실
3	한국 생활이 어때요?	-아/어요 안 -ㅂ니다 / 습니다	한국어 공부	한국 생활
4	뭐 해요?	을/를 -아/어요 못 -고 있다	차	수영
5	책이 어디에 있어요?	에 있다/없다 도 만	방	교실
6	어제 해운대에 갔어요.	-았/었어요 에 (1) 에서	주말	일기
7	언니를 만나러 서울에 가요.	에 (2) -(으)러 가다 /오다 -고 싶다	방학 계획	서울 관광
8	학교에 지하철로 가요.	(으)로 에서 까지 -(으)세요/-지 마세요	교통수단	출근
9	이 사람은 내 동생이에요.	와/과 -고 (1) -고 (2)	가족사진	형제
10	사과 한 개에 얼마예요?	얼마예요?/원이에요 말고/-지 말고 -(으)면	과일 가게	장보기
11	민지 씨에게 무슨 선물을 줬어요?	에게 주다/에게(서) 받다 -(으)시- -네요	졸업식 선물	생일 선물
12	내일 휴대폰을 살 거예요.	-(으)ㄹ 거예요 (1) -(으)ㄹ 거예요 (2) -지만	계획	초대
13	내일 영화 보러 갈까요?	-(으)ㄹ까요? (1) -(으)ㄹ까요? (2) -(으)ㅂ시다	영화	이메일
14	동생이 나보다 키가 커요.	보다 (더) 중에서 가장 -(으)ㄴ	마중	해운대
15	취미가 뭐예요?	-(으)ㄹ 수 있다/없다 -는	좋아하는 사람	데이트
16	장구를 한번 배워 보세요.	-아/어 보다 (1) -아/어 보다 (2) -(으)니까 (1)	장구	편지
17	전주에 가 본 적이 있어요?	-(으)ㄴ 적이 있다/없다 -(으)ㄹ게요	전주 여행	전주 여행기
18	한번 입어 봐도 돼요?	-아도/어도 되다 -(으)면 안 되다	옷가게	친구 집에서의 실수

듣기	읽기	쓰기	어휘+
자기소개	나라, 직업	친구 소개	직업
마트 물건	방 물건	방 소개	물건
방 소개	부산 소개	고향 소개	형용사, 'ㅂ'불규칙
전화 통화	일요일	주말	동사
방	백화점	내 방	위치
어제 이야기	주말	일기	장소
태권도	배드민턴	계획	시간 · 요일, 날짜
휴가	여행	여행	시 · 분, 시간 · 분
언니의 남편	가족 소개	가족 소개	가족, 나이
쇼핑하기	백화점 쇼핑	쇼핑 경험	단위 명사
태권도 대회	크리스마스 선물	생일 선물	께서 주시다
오후 계획	거제도 여행	방학 계획	접속 부사
한국 노래	피아노	스트레스	'ㄷ'불규칙
서울과 부산	시골과 도시	살고 싶은 곳	'ㅡ'탈락
음악 감상	등산	취미	악기
한옥 체험	김치박물관	편지	한국 전통 문화
안동 여행 계획	템플스테이	여행기	
지하철에서의 실수	규칙	실수	

주요인물 소개

민 지
한국 / 대학생

동 우
한국 / 대학생

왕 붕
중국 / 대학생

송 영
중국 / 대학생

소피아
가나 / 대학생

꾸 언
베트남 / 대학생

제임스
캐나다 / 회사원

안 나
러시아 / 회사원

기무라
일본 / 대학원생

한글

학습목표

| 모음 (1)

| 자음 (1)(2)(3)

| 모음 (2)(3)

| 받침 (1)(2)

| 이렇게 읽어요

| 인사말

| 교실용어

| 숫자

한글 모음 1

• 모음을 읽고 써 보세요.

글자	발음(음가)	쓰는 순서	연습
아	[a]	ㅣ ㅏ	아
어	[ə]	ㅓ ㅓ	어
오	[o]	ㅗ ㅗ	오
우	[u]	ㅜ ㅜ	우
으	[ɯ]	ㅡ	으
이	[i]	ㅣ	이
애	[ɛ]	ㅐ ㅐ ㅐ	애
에	[e]	ㅔ ㅔ ㅔ	에

• 단어를 읽고 써 보세요. 01

이

오

아이

오이

자음 1

• 자음을 읽고 써 보세요.

글자	발음	쓰는 순서	연습
ㄱ	[g]	ㄱ ㄱ	ㄱ
ㄴ	[n]	ㄴ ㄴ	ㄴ
ㄷ	[d]	ㄷ ㄷ	ㄷ
ㄹ	[l]	ㄹ ㄹ ㄹ	ㄹ
ㅁ	[m]	ㅁ ㅁ ㅁ	ㅁ

• 자음과 모음을 함께 써 보세요.

	ㅏ	ㅓ	ㅗ	ㅜ	ㅡ	ㅣ	ㅐ	ㅔ
ㄱ	가							
ㄴ								
ㄷ								
ㄹ								
ㅁ								

• 단어를 읽고 써 보세요. 02

개

가구

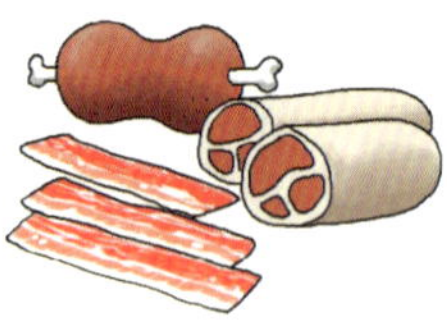

고기

나

누나

구두

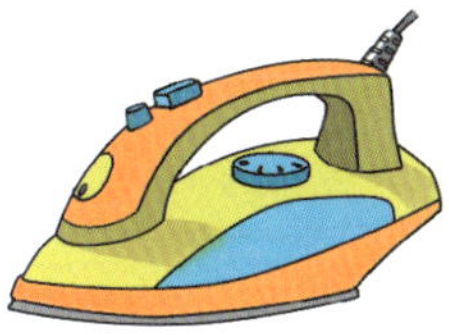

다리미

나무

머리

어머니

한글 자음 2

● 자음을 읽고 써 보세요.

글자	발음	쓰는 순서	연습				
ㅂ	[b]	ㅂ ㅂ ㅂ ㅂ	ㅂ				
ㅅ	[s]	ㅅ ㅅ	ㅅ				
ㅇ	[ɦ]	ㅇ	ㅇ				
ㅈ	[z]	ㅈ ㅈ	ㅈ				
ㅎ	[h]	ㅎ ㅎ ㅎ	ㅎ				

● 자음과 모음을 함께 써 보세요.

	ㅏ	ㅓ	ㅗ	ㅜ	ㅡ	ㅣ	ㅐ	ㅔ
ㅂ	바							
ㅅ								
ㅈ								
ㅎ								

• 단어를 읽고 써 보세요. 03

배

바다

바나나

소

새

사자

아버지

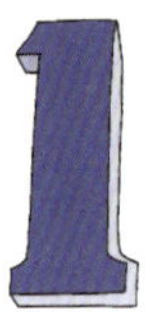

하나

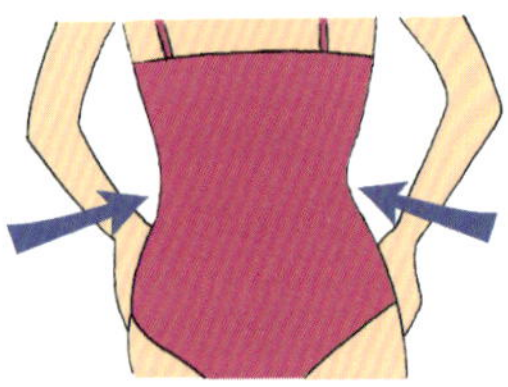

허리

오후

자음 3

• 자음을 읽고 써 보세요.

글자	발음	쓰는 순서	연습
ㅋ	[k^h]	ㅋ ㅋ	ㅋ
ㅌ	[t^h]	ㅌ ㅌ ㅌ	ㅌ
ㅍ	[p^h]	ㅍ ㅍ ㅍ ㅍ	ㅍ
ㅊ	[$tʃ^h$]	ㅊ ㅊ ㅊ	ㅊ
ㄲ	[g']	ㄲ ㄲ	ㄲ
ㄸ	[d']	ㄸ ㄸ ㄸ ㄸ	ㄸ
ㅃ	[b']	ㅃ ㅃ ㅃ ㅃ ㅃ ㅃ ㅃ ㅃ	ㅃ
ㅆ	[s']	ㅆ ㅆ ㅆ ㅆ	ㅆ
ㅉ	[z']	ㅉ ㅉ ㅉ ㅉ	ㅉ

• 어떻게 달라요?

	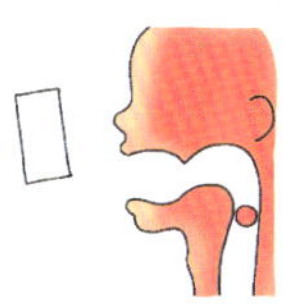	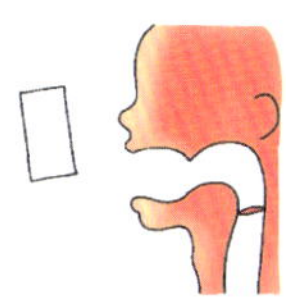	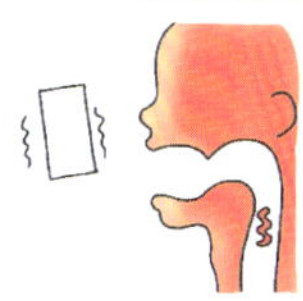
	ㄱ	ㄲ	ㅋ
	ㄷ	ㄸ	ㅌ
	ㅂ	ㅃ	ㅍ
	ㅅ	ㅆ	
	ㅈ	ㅉ	ㅊ

• 자음과 모음을 함께 써 보세요.

	ㅏ	ㅓ	ㅗ	ㅜ	ㅡ	ㅣ
ㅋ	카					
ㅌ						
ㅍ						
ㅊ						
ㄲ						
ㄸ						
ㅃ						
ㅆ						
ㅉ						

• 단어를 읽고 써 보세요. 04

코

카메라

피아노

포도

차

치마

꼬리

토끼

아빠

한글 모음 2

• 이렇게 만들어요.

이	+	아 어 오 우 애 에	→	야 여 요 유 얘 예

• 모음을 읽고 써 보세요.

글자	발음	쓰는 순서	연습
야	[ja]	야 야 야	야
여	[jə]	여 여 여	여
요	[jo]	요 요 요	요
유	[ju]	유 유 유	유
얘	[jɛ]	얘 얘 얘 얘	얘
예	[je]	예 예 예 예	예

• 단어를 읽고 써 보세요. 05

야구

여자

요리

교사

우유

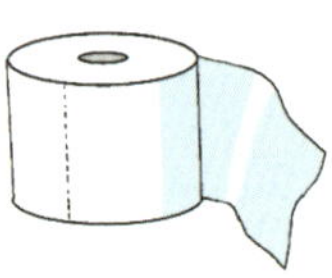
휴지

한글 모음 3

• 이렇게 만들어요.

오	+	아	→	와
		애		왜
		이		외
으	+	이		의

우	+	어	→	워
		에		웨
		이		위

• 모음을 읽고 써 보세요.

글자	발음	쓰는 순서	연 습
와	[wa]	와 와 와 와	와
왜	[wɛ]	왜 왜 왜 왜 왜	왜
외	[ø/we]	외 외 외	외
워	[wə]	워 워 워 워	워
웨	[we]	웨 웨 웨 웨 웨	웨
위	[y/wi]	위 위 위	위
의	[ɯi]	의 의	의

• 단어를 읽고 써 보세요. 06

과자

사과

왜

돼지

교회

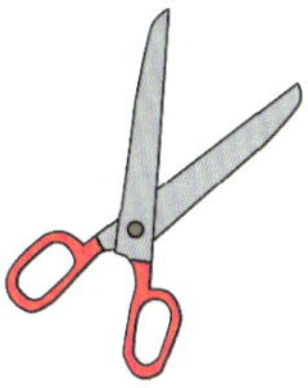

가위

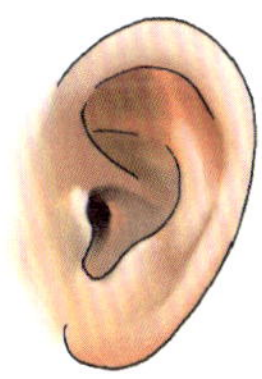

귀

쥐

의사

의자

받침 1

받침	발음	단어
ㄱ, ㅋ, ㄲ	/ㄱ/ [-k]	책, 부엌, 밖
ㄴ	/ㄴ/ [-n]	눈, 산
ㄷ, ㅌ, ㅅ, ㅆ, ㅈ, ㅊ, ㅎ	/ㄷ/ [-t]	듣다, 밑, 옷, 있다, 낮, 꽃, 히읗
ㄹ	/ㄹ/ [-l]	발, 쌀
ㅁ	/ㅁ/ [-m]	곰, 몸
ㅂ, ㅍ	/ㅂ/ [-p]	입, 잎
ㅇ	/ㅇ/ [-ŋ]	공, 가방

• 단어를 읽고 써 보세요. 07

책

[책]

부엌

[부억]

밖

[박]

	눈 [눈]				
	산 [산]				
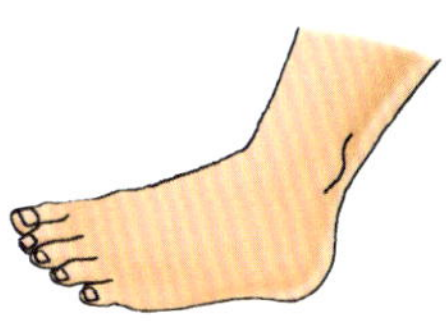	발 [발]				
	쌀 [쌀]				
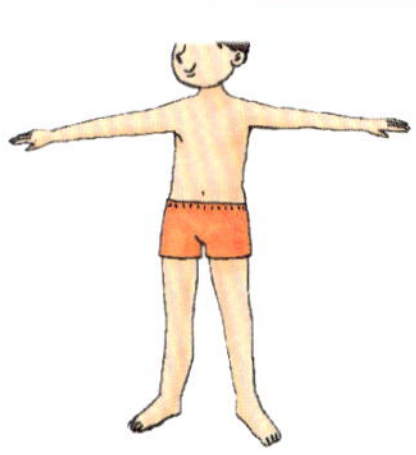	몸 [몸]				

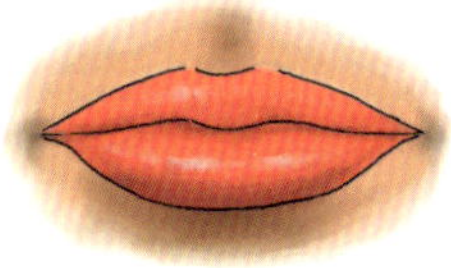

입

[입]

잎

[입]

가방

[가방]

공

[공]

듣다

[듣따]

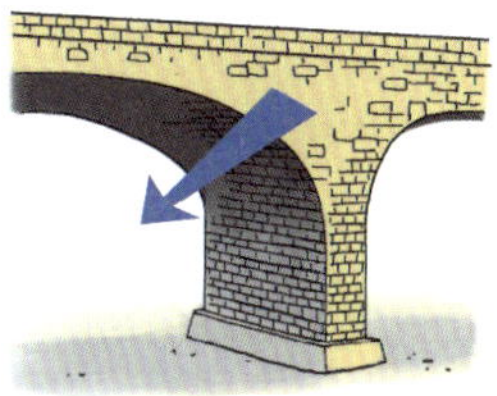	밑 [믿]				
	옷 [옫]				
	있다 [읻따]				
	낮 [낟]				
	꽃 [꼳]				

받침 2

• 앞 자음을 소리 내요.

받침	발음	단어
ㄳ	/ㄱ/ [-k]	몫
ㄵ, ㄶ	/ㄴ/ [-n]	앉다, 많다
ㅄ	/ㅂ/ [-p]	값, 없다
ㄼ, ㄽ, ㄾ, ㅀ	/ㄹ/ [-l]	넓다, 외곬, 핥다, 잃다

• 뒤 자음을 소리 내요.

받침	발음	단어
ㄺ	/ㄱ/ [-k]	닭, 늙다, 읽다
ㄻ	/ㅁ/ [-m]	굶다, 젊다
ㄿ	/ㅂ/ [-p]	읊다

• 단어를 읽고 써 보세요. 08

앉다

[안따]

많다

[만타]

	값 [갑]	
	없다 [업따]	
	넓다 [널따]	
	닭 [닥]	
	읽다 [익따]	

이렇게 읽어요

• 읽고 써 보세요. 09

책이 ➔ [채기]　　웃음 ➔ [우슴]　　음악 ➔ [으막]

★종이 ➔ [종이]　　★좋아요 ➔ [조하요](×) [조아요](○)

★앉아요 ➔ [안자요]

음	악	을		좋	아	해	요	.

책	이		책	상		밑	에		있	어	요	.

한글 인사말

• 문장을 읽고 써 보세요. 10

안녕하세요?

고맙습니다.

미안합니다.

축하합니다.

안녕히 계세요.

안녕히 가세요.

교실용어

• 선생님이 말해요. 11

1. 보세요.

2. 들으세요.

3. 쓰세요.

4. 읽으세요.

5. 따라하세요.

6. 쉬세요.

7. 알겠어요?

8. 질문 있어요?

9. 숙제예요.

10. 다 했어요?

11. 괜찮아요?

12. 맞아요.

• 학생이 말해요. 12

1. 네.

2. 아니요.

3. 좋아요.

4. 알아요.

5. 몰라요.

6. 괜찮아요.

한글 숫자

• 숫자를 읽고 써 보세요.

1(일)	2(이)	3(삼)	4(사)	5(오)
일				

6(육)	7(칠)	8(팔)	9(구)	10(십)

0(영/공)	100(백)	1000(천)	10000(만)

1과 안녕하세요?

학습목표

| 대화 직업
| 듣고 말하기 나라

| 듣기 자기소개
| 읽기 나라, 직업
| 쓰기 친구 소개

| 문법과 표현1 은/는 -입니다
| 문법과 표현2 은/는 -입니까?
네. -입니다
아니요. 이/가 아닙니다

| 어휘+
직업

은/는 -입니다

받침 ○	은	선생님은
받침 ×	는	은주 씨는

예 문

민지 : 선생님은 한국 사람입니다.
꾸언 : 은주 씨는 의사입니다.

연 습

- 그림을 보고 쓰세요.

1. 
안나 / 러시아 사람
→ 안나는 러시아 사람입니다.
안나 씨는 ____________________

2. 
송영 / ________
→ 송영____________________
송영 씨____________________

3. 
꾸언 / ________
→ ____________________
____

4. 
소피아 / ________
→ ____________________
____

단어장
선생님
한국
사람
의사
이름
나라
소개

말해 봅시다

- 〈보기〉와 같이 이야기하세요.

이름	나라	소개
〈보기〉 민지	한국	저는 민지입니다. 한국 사람입니다.

은/는 –입니까?
네. –입니다
아니요. –이/가 아닙니다

받침 ○	이	학생이
받침 ×	가	의사가

예문

꾸 언 : 송영은 학생입니까?
민 지 : 네. 학생입니다.
/ 아니요. 학생이 아닙니다.

안 나 : 기무라는 의사입니까?
제임스 : 네. 의사입니다.
/ 아니요. 의사가 아닙니다.

연습

• 그림을 보고 쓰세요.

1. 가 : 다나카 씨는 소방관입니까?
나 : ______________________

2. 가 : 상우 씨는 요리사입니까?
나 : ______________________

3. 가 : 왕영 씨는 기자입니까?
나 : ______________________

4. 가 : 수잔 씨는 선생님입니까?
나 : ______________________

단어장
학생
요리사
소방관
기자

말해 봅시다

- 〈보기〉와 같이 이야기하세요.

보 기

민수

한국

가 : 민수 씨는 한국 사람입니까?
나 : 네. 한국 사람입니다.

경찰	소방관
(×)	(○)

가 : 민수 씨는 경찰입니까?
나 : 아니요. 경찰이 아닙니다. 소방관입니다.

1. 제임스

캐나다

가수	회사원
(×)	(○)

2. 꿍

태국

간호사	의사
(×)	(○)

3. 키마

인도

선생님	학생
(×)	(○)

4. 바트

몽골

축구선수	요리사
(×)	(○)

5. 안나

베트남(×) 러시아(○)

회사원	주부
(×)	(○)

6. 잭

미국(×) 영국(○)

기술자	기자
(×)	(○)

단어장

경찰
회사원
간호사
축구선수
주부
기술자

13

제임스 : 송영 씨는 학생입니까?
송 영 : 네. 저는 학생입니다.

송 영 : 제임스 씨는 의사입니까?
제임스 : 아니요. 저는 의사가 아닙니다.
저는 회사원입니다.

이야기해 봅시다

송영	제임스	
	×	○

단어장
직업

듣고 말하기 나라

14

안 나 : 안녕하세요?
저는 안나입니다.
저는 러시아 사람입니다.
만나서 반갑습니다.

제임스 : 안녕하세요?
저는 제임스입니다.
저는 캐나다 사람입니다.
만나서 반갑습니다.

이야기해 봅시다

이름 : 왕붕
나라 : 중국

이름 : 꾸언
나라 : 베트남

이름 : 기무라
나라 : 일본

이름 : 소피아
나라 : 가나

단어장

1과 듣기

• 지도에서 여러분 나라를 찾으세요.

◉ 다음을 듣고 대답하세요. 🎧 15

1. 그림과 연결하세요.

 미카 •	• 캐나다	• 회사원
		• 선생님
	• 일본	
 꾸언 •		• 학생
	• 베트남	
		• 축구선수
 제임스 •	• 미국	• 요리사

이야기해 봅시다

• 자기소개를 하세요.

말하기 Tip

인사	안녕하세요?	안녕하세요?
이름	저는 ________입니다.	____________________
나라	저는 ________입니다.	____________________
직업	저는 ________입니다.	____________________ 만나서 반갑습니다.

단어장

1과 읽기

• 다음을 보고 이야기하세요.

◉ 다음을 읽고 대답하세요.

왕영 씨는 중국 사람입니다. 경찰이 아닙니다. 요리사입니다.

브라운 씨는 미국 사람이 아닙니다. 영국 사람입니다. 영어 선생님입니다.

마크 씨는 캐나다 사람이 아닙니다. 프랑스 사람입니다. 의사가 아닙니다. 간호사입니다.

1. 마크 씨는 어느 나라 사람입니까?

____

2. 맞으면 ○, 틀리면 × 하세요.

① 왕영 씨는 경찰입니다. ( )

② 브라운 씨는 영어 선생님입니다. ( )

③ 마크 씨는 프랑스 사람입니다. ( )

④ 마크 씨는 간호사가 아닙니다. ( )

단어장

영어

어느

1과 쓰기

◉ 친구를 소개하세요. 쓰세요.

씨는

씨는

직업 직업이 뭐예요?

요리사

기자

가수

선생님 / 교사

간호사

의사

축구선수

기술자

소방관

회사원

주부

경찰

2과 이게 뭐예요?

학습목표

| 대화 물건

| 듣고 말하기 우리 교실

| 듣기 마트 물건

| 읽기 방 물건

| 쓰기 방 소개

| 문법과 표현1 이게 뭐예요?
-이에요/예요

| 문법과 표현2 이/가 있어요/없어요

| 문법과 표현3 이/가 있습니다/없습니다

| 어휘+
물건

2과 문법과 표현 1

이게 뭐예요?
-이에요/예요

받침 o	-이에요	책상이에요
받침 x	-예요	의자예요

예문

왕붕 : 이게 뭐예요?
민지 : 휴대폰이에요.

연습

• 그림을 보고 쓰세요.

1. 
   가 : 이게 뭐예요?
   나 : ______________________

2. 
   가 : 저게 뭐예요?
   나 : ______________________

3. 
   가 : 저게 뭐예요?
   나 : ______________________

4. 
   가 : ______________________
   나 : ______________________

말해 봅시다

• 〈보기〉와 같이 그림을 보고 이야기하세요.

보기

가 : 이게/저게 뭐예요?
나 : 창문이에요.

1. 
2. 
3. 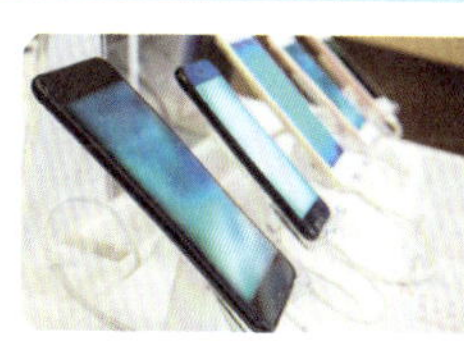
4. 
5. 
6. 

단어장

이게
뭐
휴대폰
저게
창문

이/가 있어요/없어요

예문

소피아 : 책상이 있어요?
동 우 : 네. 책상이 있어요.

소피아 : 지우개가 있어요?
동 우 : 아니요. 지우개가 없어요.

연습

• 〈보기〉와 같이 그림을 보고 쓰세요.

〈보기〉
가 : 책상이 있어요?
나 : 네. 책상이 있어요.
가 : 비누가 있어요?
나 : 아니요. 비누가 없어요.

1. 가 : 공책이 있어요?
   나 : ____________________
2. 가 : 컴퓨터가 있어요?
   나 : ____________________
3. 가 : 시계가 있어요?
   나 : ____________________
4. 가 : 쓰레기통이 있어요?
   나 : ____________________

말해 봅시다

• 〈보기〉와 같이 그림을 보고 이야기하세요.

보기

가 : 무엇이 있어요?
나 : 책상이 있어요.

가 : 휴지가 있어요?
나 : 아니요. 휴지가 없어요.

단어장
있다
없다
책상
지우개
비누
공책
시계
컴퓨터
쓰레기통

이/가 있습니다/없습니다

예 문

소피아 : 책상이 있습니까?
동 우 : 네. 책상이 있습니다.

소피아 : 지우개가 있습니까?
동 우 : 아니요. 지우개가 없습니다.

연 습

- 〈보기〉와 같이 그림을 보고 쓰세요.

〈보기〉
가 : 컵이 있습니까?
나 : 네. 컵이 있습니다.
가 : 휴지가 있습니까?
나 : 아니요. 휴지가 없습니다.

1. 가 : 책이 있습니까?
   나 : ______________________
2. 가 : 컴퓨터가 있습니까?
   나 : ______________________
3. 가 : 공책이 있습니까?
   나 : ______________________
4. 가 : 휴대폰이 있습니까?
   나 : ______________________

말해 봅시다

- 〈보기〉와 같이 그림을 보고 이야기하세요.

보 기

가 : 무엇이 있습니까?
나 : 옷장이 있습니다.

가 : 의자가 있습니까?
나 : 아니요. 의자가 없습니다.

단어장
컵
책
옷장
의자

대화 물건

16

꾸 언 : 이게 뭐예요?
민 지 : 가방이에요.
꾸 언 : 저게 뭐예요?
민 지 : 시계예요.

꾸 언 : 책이 있어요?
민 지 : 네. 책이 있어요.
꾸 언 : 의자가 있어요?
민 지 : 아니요. 없어요.

이야기해 봅시다

이것이 (이게)	저것이 (저게)	있어요	없어요

단어장
물건
가방
칠판
필통
연필
볼펜

2과 듣고 말하기 우리 교실

17

여기는 우리 교실입니다.
선생님이 있습니다.
학생이 있습니다.
꽃이 없습니다.
이것은 책상입니다.
저것은 컴퓨터입니다.

단어장
여기
우리
교실
꽃
이것
저것

이야기해 봅시다

- 우리 교실에 무엇이 있어요? 친구들과 이야기하세요.

여기는 우리 교실입니다.

2과 듣기

• 다음을 보고 이야기하세요.

◉ 다음을 듣고 대답하세요. 🎧 18

1. 맞으면 ○, 틀리면 × 하세요.

① 이것은 휴지입니다. ( )
② 저것은 비누입니다. ( )
③ 샴푸가 있습니다. ( )
④ 컵이 없습니다. ( )
⑤ 거울이 없습니다. ( )

단어장
샴푸
거울
마트

이야기해 봅시다

• 여기는 마트예요. 이야기하세요.

말하기 Tip

안나 씨, 이게 뭐예요?
이게 컵이에요?
휴지가 있어요?

2과 읽기

• 다음을 보고 이야기하세요.

◉ 다음을 읽고 대답하세요.

저는 안나입니다. 러시아 사람입니다. 회사원입니다.
여기는 제 방입니다.
이것은 침대입니다. 저것은 책상입니다.
저것은 책장이 아닙니다. 옷장입니다.
노트북이 있습니다. 에어컨이 없습니다.

1. 안나는 직업이 무엇입니까?

____

2. 맞으면 ○, 틀리면 × 하세요.

① 안나는 러시아 사람입니다. ( )
② 침대가 없습니다. ( )
③ 에어컨이 있습니다. ( )
④ 옷장이 있습니다. ( )

단어장

제
방
침대
책장
노트북
에어컨

쓰기

◉ 방을 보세요. 쓰세요.

① 방에 무엇이 있습니까?

② 무엇이 없습니까?

물건 이게 뭐예요?

칠판

필통

쓰레기통

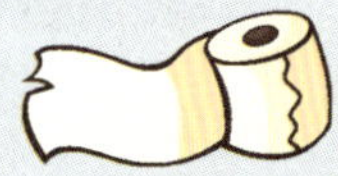
휴지

책상

의자

컵

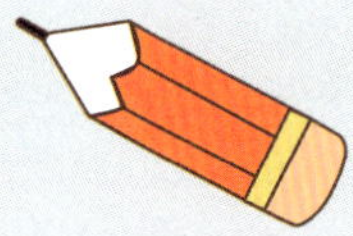
연필

휴대폰

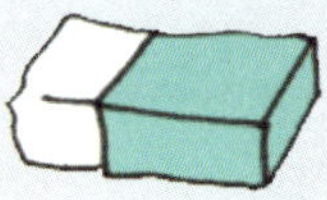
지우개

볼펜

창문

이것 / 저것	무엇 (뭐)
이것이 무엇입니까? / 이게 뭐예요? 저것이 무엇입니까? / 저게 뭐예요?	
이 사람 / 저 사람	**누구**
이 사람은 누구입니까? / 이 사람은 누구예요? 저 사람은 누구입니까? / 저 사람은 누구예요?	

3과 한국 생활이 어때요?

학습목표

| **대화** 한국어 공부
| **듣고 말하기** 한국 생활

| **듣기** 방 소개
| **읽기** 부산 소개
| **쓰기** 고향 소개

| **문법과 표현1** -아/어요
| **문법과 표현2** 안
| **문법과 표현3** -ㅂ니다/습니다

| **어휘+**
형용사
'ㅂ'불규칙

문법과 표현 1

-아/어요

		싸다	싸 + -아요 → 싸요
ㅏ, ㅗ (O)	-아요	많다	많 + -아요 → 많아요
		좋다	좋 + -아요 → 좋아요
		적다	적 + -어요 → 적어요
ㅏ, ㅗ (×)	-어요	맛있다	맛있 + -어요 → 맛있어요
		느리다	느리 + -어요 → 느려요
하다	-해요	깨끗하다	깨끗하다 → 깨끗해요

※ 크다 + -어요 → 커요

연습 • 〈보기〉와 같이 그림을 보고 쓰세요.

〈보기〉 

가 : 사과가 어때요?
나 : 맛있어요.

1. 

가 : 라면이 어때요?
나 : ______________________

2. 

가 : 방이 어때요?
나 : ______________________

3. 

가 : 날씨가 어때요?
나 : ______________________

단어장

가다
오다
많다
좋다
적다
맛있다
배우다
느리다
깨끗하다
크다
덥다
사과
라면
날씨
무겁다
가볍다

말해 봅시다

• 〈보기〉와 같이 그림을 보고 이야기하세요.

보기

가 : 가방이 무거워요?
나 : 아니요. 가벼워요.

1. 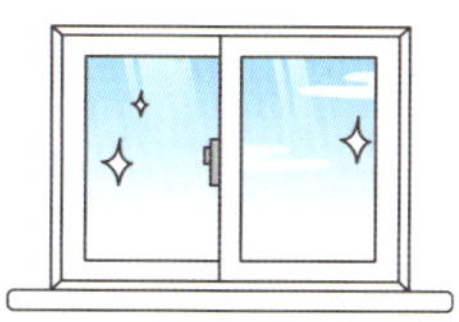

2. 

3. 

안

예 문

기무라 : 커피가 뜨거워요?
안 나 : 아니요. 안 뜨거워요. 차가워요.

※ 맛있어요 → 맛없어요, 재미있어요 → 재미없어요

연 습

• 〈보기〉와 같이 그림을 보고 쓰세요.

〈보기〉

가 : 가방이 비싸요?
나 : 아니요. 안 비싸요. 싸요.

1.

가 : 날씨가 추워요?
나 : 아니요. ______________________

2.

가 : 공이 커요?
나 : 아니요. ______________________

3.

가 : 사과가 적어요?
나 : 아니요. ______________________

4.

가 : 한국어가 쉬워요?
나 : 아니요. ______________________

말해 봅시다

• 〈보기〉와 같이 그림을 보고 이야기하세요.

보 기

가 : 비빔밥이 맛있어요?
나 : 아니요. 맛없어요.

1.

2.

3.

단어장

커피
뜨겁다
차갑다
맛없다
재미있다
재미없다
비싸다
춥다
쉽다
공
비빔밥

-ㅂ니다/습니다

받침 ㅇ	습니다	작다	작습니다	교실이 작습니다.
받침 ×	ㅂ니다	크다	큽니다	책상이 큽니다.
ㄹ받침	ㅂ니다	길다	깁니다	머리가 깁니다.

예 문

송 영 : 교실이 더럽습니까?
왕 붕 : 네. 더럽습니다.

기무라 : 민지 씨가 어떻습니까?
소피아 : 예쁩니다.

연 습

• 〈보기〉와 같이 그림을 보고 쓰세요.

〈보기〉 
가 : 떡볶이가 맵습니까?
나 : 네. 맵습니다.

1. 
가 : 모자가 작습니까?
나 : ______________________

2. 
가 : 기분이 좋습니까?
나 : ______________________

3. 
가 : 책이 가볍습니까?
나 : ______________________

말해 봅시다

• 〈보기〉와 같이 그림을 보고 이야기하세요.

보 기

가 : 창문이 어떻습니까?
나 : 큽니다.

가 : 창문이 작습니까?
나 : 아니요. 안 작습니다. 큽니다.

단어장
- 더럽다
- 예쁘다
- 모자
- 작다
- 떡볶이
- 맵다
- 기분

대화 한국어 공부

19

꾸 언 : 송영 씨, 안녕하세요?

송 영 : 네. 안녕하세요?

꾸 언 : 송영 씨는 한국어 공부가 어때요?

송 영 : 저는 아주 재미있어요. 꾸언 씨는 어때요?

꾸 언 : 저는 조금 어려워요.

단어장

한국어
공부
아주
조금
어렵다
생활
즐겁다
힘들다
음식

이야기해 봅시다

	송영	꾸언
한국어 공부	재미있다	어렵다
한국 생활	즐겁다	힘들다
한국 음식	맛있다	맵다

듣고 말하기 한국 생활

20

안녕하세요? 저는 송영입니다. 중국 사람입니다. 대학생입니다. 한국 생활이 아주 바쁩니다. 한국어 공부가 안 어렵습니다. 쉽습니다. 그리고 한국 친구가 많습니다. 친구들이 친절합니다.

단어장

대학생
바쁘다
그리고
친절하다

이야기해 봅시다

- 여러분은 한국 생활이 어때요? 친구들과 이야기하세요.

안녕하세요? 저는

3과 듣기

• 다음을 보고 이야기하세요.

◉ 다음을 듣고 대답하세요. 21

1. 맞으면 ○, 틀리면 × 하세요.

① 방이 큽니다. ( )
② 창문이 작습니다. ( )
③ 침대가 큽니다. ( )
④ 책상이 없습니다. ( )
⑤ 책이 적습니다. ( )
⑥ 꽃이 안 예쁩니다. ( )

단어장

이야기해 봅시다

• 여러분 방이 어때요? 이야기하세요.

말하기 Tip

꾸언 씨, 방에 뭐가 있어요?
침대가 어때요?

• 다음을 보고 이야기하세요.

◉ 다음을 읽고 대답하세요.

제 고향은 부산입니다.
바다가 있습니다. 아주 예쁩니다.
부산 음식이 맛있습니다. 조금 맵습니다.
부산 사람이 친절합니다. 그리고 아주 재미있습니다.
부산 날씨가 안 춥습니다. 따뜻합니다.
부산이 좋습니다.

1. 고향이 어디입니까?

____

2. 다른 것을 고르세요. (   )

① 부산 바다가 예쁩니다.
② 부산 음식이 맛있습니다.
③ 부산 사람이 재미있습니다.
④ 부산 날씨가 아주 춥습니다.

단어장

고향
바다
따뜻하다
어디

3과 쓰기

◉ 여러분 고향은 어때요? 다음을 모두 쓰세요.

① 고향이 어디입니까?
② 날씨가 어떻습니까?
③ 음식이 어떻습니까?
④ 사람들이 어떻습니까?

3과 어휘+

형용사 어때요?

크다

작다

많다

적다

빠르다

느리다

비싸다

싸다

맛있다

맛없다

재미있다

재미없다

무겁다

가볍다

춥다

덥다

뜨겁다

차갑다

더럽다

깨끗하다

'ㅂ'불규칙

맵다 + 어요	→	매워요	김치가 매워요.
춥다 + 어요	→	추워요	날씨가 추워요.
뜨겁다 + 어요	→	뜨거워요	물이 뜨거워요.
더럽다 + 어요	→	더러워요	방이 더러워요.
어렵다 + 어요	→	어려워요	한국어가 어려워요.
무겁다 + 어요	→	무거워요	가방이 무거워요.

4과 뭐 해요?

학습목표

| 대화 차
| 듣고 말하기 수영

| 듣기 전화 통화
| 읽기 일요일
| 쓰기 주말

| 문법과 표현1 을/를 -아/어요
| 문법과 표현2 못
| 문법과 표현3 -고 있다

| 어휘+
동사

을/를 -아/어요

받침 ○	을	운동을
받침 ×	를	영화를

예 문

송영 : 제임스가 운동을 해요?
꾸언 : 아니요. 영화를 봐요.

연 습

• 〈보기〉와 같이 그림을 보고 쓰세요.

〈보기〉 

가 : 무엇을 해요?
나 : 우유를 마셔요.

1. 

가 : 무엇을 해요?
나 : ____________________

2. 

가 : 무엇을 해요?
나 : ____________________

3. 

가 : 뭐 해요?
나 : ____________________

4. 

가 : 뭐 해요?
나 : ____________________

말해 봅시다

• 〈보기〉와 같이 그림을 보고 이야기하세요.

보 기

가 : 뭐 해요?
나 : 영화를 봐요.
가 : 무슨 영화를 봐요?
나 : 공포 영화를 봐요.

1. 

2. 

3. 

4. 

단어장

운동
하다
영화
보다
무엇
우유
마시다
무슨
공포

못

예 문

소피아 : 오늘 친구를 만나요?
왕 붕 : 아니요. 못 만나요. 바빠요.

※ 안 좋아요 (O) / 못 좋아요 (X)

연 습

• 〈보기〉와 같이 쓰세요.

〈보기〉 가 : 책을 사요?
나 : 아니요. 책을 못 사요. 돈이 없어요.

1. 가 : 아기가 김치를 먹어요?
   나 : 아니요. 아기는 ______________________. 김치가 아주 매워요.

2. 가 : 왜 커피를 안 마셔요?
   나 : 지금 ______________________. 커피가 아주 뜨거워요.

3. 가 : 오늘 우리 영화를 봐요?
   나 : 표가 없어요. ______________________

4. 가 : 여행을 가요?
   나 : ______________________. 일이 많아요.

말해 봅시다

• 〈보기〉와 같이 그림을 보고 이야기하세요.

보 기

가 : 운동을 해요?
나 : 아니요. 운동을 못 해요.
가 : 왜 못 해요?
나 : 시간이 없어요.

1.

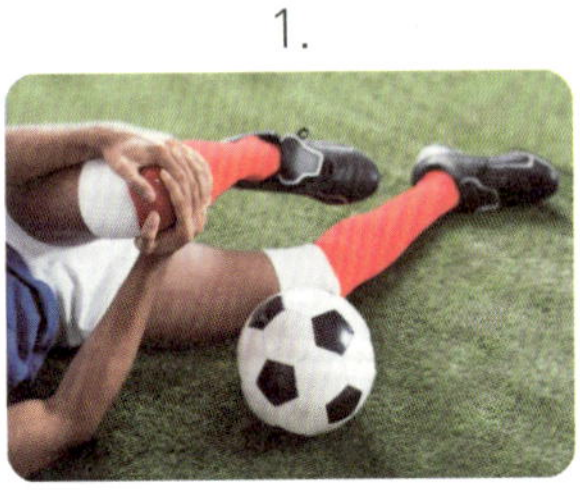

2.

3.

단어장

오늘
만나다
사다
돈
아기
김치
왜
지금
영화
표
여행
시간

-고 있다

예문

왕 붕 : 소피아 씨, 뭐 하고 있어요?
소피아 : 지금 청소하고 있어요.

연습

• 〈보기〉와 같이 그림을 보고 쓰세요.

〈보기〉 

가 : 지금 무엇을 하고 있어요?
나 : 농구를 하고 있어요.

1. 

가 : 지금 무엇을 하고 있어요?
나 : ______________________

2. 

가 : 지금 무엇을 해요?
나 : ______________________

3. 

가 : ______________________
나 : ______________________

말해 봅시다

• 〈보기〉와 같이 그림을 보고 이야기하세요.

보기

가 : 소피아 씨는 뭐 하고 있어요?
나 : 밖을 보고 있어요.

단어장
청소하다
농구(를) 하다
밖

4과 대화 차

22

송 영 : 동우 씨, 지금 뭐 해요?
동 우 : 차를 마시고 있어요.
송 영 : 무슨 차를 마셔요?
동 우 : 녹차를 마셔요. 송영 씨는 녹차를 좋아해요?
송 영 : 아니요. 안 좋아해요. 맛없어요.
동 우 : 그럼, 무슨 차를 좋아해요?
송 영 : 저는 커피를 좋아해요. 그래서 커피를 자주 마셔요.

단어장
차
녹차
좋아하다
그럼
그래서
자주
요가
무섭다
액션

이야기해 봅시다

동우		이유	송영
차	녹차	맛없다	커피 / 자주 마시다
운동	수영	힘들다	요가 / 자주 하다
영화	공포 영화	무섭다	액션 영화 / 자주 보다

듣고 말하기 수영

23

저는 운동을 잘합니다. 하지만 수영을 못합니다. 그래서 요즘 수영을 배우고 있습니다. 수영은 조금 어렵습니다. 하지만 아주 재미있습니다. 그래서 열심히 배우고 있습니다.

단어장

잘하다
수영(하다)
못하다
하지만
요즘
열심히

이야기해 봅시다

- 여러분은 무엇을 잘해요? 친구들과 이야기하세요.

저는 운동을 잘합니다. 하지만

4과 듣기

• 다음을 보고 이야기하세요.

◉ 다음을 듣고 대답하세요. 🎧 24

1. 맞으면 ○, 틀리면 × 하세요.
   ① 꾸언은 음악을 듣고 있습니다. ( )
   ② 두 사람은 영화를 보고 있습니다. ( )
   ③ 민지는 떡볶이를 만들고 있습니다. ( )
   ④ 두 사람은 전화 통화를 하고 있습니다. ( )

단어장

만들다
음악
듣다
두 사람
전화 통화(를) 하다

이야기해 봅시다

• 여러분은 무슨 운동을 좋아해요? 이야기하세요.

말하기 Tip

소피아 씨, 무슨 운동을 좋아해요?
그 운동을 자주 해요?

4과 읽기

• 다음을 보고 이야기하세요.

◉ 다음을 읽고 대답하세요.

안나 씨는 회사원입니다. 매일 바쁩니다. 그래서 집안일을 못 합니다. 오늘은 일요일입니다. 안 바쁩니다. 그래서 청소를 합니다. 집이 깨끗합니다. 그리고 운동을 합니다. 자전거를 탑니다. 안나 씨는 기분이 좋습니다.

1. 안나 씨는 직업이 뭐예요?

____

2. 같은 것을 고르세요. (　　)

① 안나 씨는 오늘 아주 바쁩니다.
② 안나 씨는 오늘 집안일을 합니다.
③ 안나 씨는 오늘 운동을 못 합니다.
④ 안나 씨는 오늘 기분이 안 좋습니다.

단어장

매일
집안일
일요일
집
자전거
타다

4과 쓰기

◉ 일요일이에요. 여러분은 무엇을 해요? 쓰세요.

4과 어휘+

동사 뭐 해요?

일어나다

자다

서다

앉다

웃다

쉬다

먹다

마시다

보다

읽다

입다

벗다

배우다

가르치다

사다

씻다

쓰다

만나다

일하다

노래하다

운동하다

산책하다

말하다

공부하다

요리하다

빨래하다

청소하다

춤추다

5과 책이 어디에 있어요?

학습목표

| 대화 방
| 듣고 말하기 교실

| 듣기 방
| 읽기 백화점
| 쓰기 내 방

| 문법과 표현1 에 있다/없다
| 문법과 표현2 도
| 문법과 표현3 만

| 어휘+
위치

에 있다/없다

예문

민지 : 꽃이 어디에 있어요?
꾸언 : 의자 위에 있어요.

송영 : 꽃이 의자 위에 있어요?
왕붕 : 아니요. 의자 위에 없어요. 의자 아래에 있어요.

연습

• 〈보기〉와 같이 쓰세요.

〈보기〉 사과, 냉장고 안, 있다 → 사과가 냉장고 안에 있어요.

1. 시계, 칠판 위, 있다 → ____________________
2. 쓰레기통, 문 옆, 있다 → ____________________
3. 공책, 책 밑, 없다 → ____________________
4. 교실 안, 냉장고, 없다 → ____________________
5. 학교 뒤, 산, 있다 → ____________________

말해 봅시다

• 〈보기〉와 같이 그림을 보고 이야기하세요.

보기

가 : 냉장고 안에 무엇이 있어요?
나 : 채소가 있어요.
가 : 채소가 어디에 있어요?
나 : 수박 밑에 있어요.

단어장

위
아래
냉장고
안
문
옆
밑
뒤
산
채소
수박

도

예 문

민지 : 송영 씨는 중국 사람이에요?
왕붕 : 네. 중국 사람이에요.
민지 : 왕붕 씨도 중국 사람이에요?
왕붕 : 네. 저도 중국 사람이에요.

연 습

- 〈보기〉와 같이 쓰세요.

〈보기〉 사과가 있어요. 수박이 있어요. → 사과가 있어요. 수박도 있어요.

1. 커피가 있어요. 녹차가 있어요. → ____________________
2. 텔레비전이 없어요. 컴퓨터가 없어요. → ____________________
3. 동우 씨는 요리사예요. 수미 씨는 요리사예요. → ____________________
4. 나는 청소를 해요. 요리를 해요. → ____________________
5. 동생은 농구를 좋아해요. 축구를 좋아해요. → ____________________

말해 봅시다

- 〈보기〉와 같이 이야기하세요.

보 기

가 : 소피아 씨가 어디에 있어요?
나 : 동우 씨 옆에 있어요.
가 : 소피아 씨가 무엇을 해요?
나 : 음악을 듣고 있어요.
동우 씨도 음악을 듣고 있어요.

단어장
텔레비전

5과 문법과 표현 3

만

예문

소피아 : 수박을 좋아해요?
왕 붕 : 아니요. 안 좋아해요.
소피아 : 바나나를 좋아해요?
왕 붕 : 바나나도 안 좋아해요. 저는 포도만 좋아해요.

연습

• 〈보기〉와 같이 '도', '만' 중에서 알맞은 것을 쓰세요.

〈보기〉 오늘 옷을 사요. 신발도 사요.
저는 돼지고기를 안 먹어요. 닭고기도 안 먹어요. 채소만 먹어요.

1. 저는 소주를 좋아해요. 맥주___ 좋아해요. 그리고 와인___ 좋아해요.
2. 저는 한국어를 배워요. 친구___ 한국어를 배워요.
3. 저는 농구를 못해요. 축구___ 못해요. 수영___ 잘해요.
4. 필통 안에 연필이 없어요. 그리고 지우개___ 없어요. 볼펜___ 있어요.

말해 봅시다

• 다음을 보고 이야기하세요.

있다	 ○	 ○	 ×
좋아하다	 ○	 ○	 ×
잘하다	 ×	 ×	 ○

단어장
바나나
포도
옷
신발
돼지고기
닭고기
소주
맥주
와인
축구(를) 하다

대화 방

25

민 지 : 기무라 씨, 한국어 사전이 있어요?

기무라 : 네. 있어요.

민 지 : 어디에 있어요?

기무라 : 가방 안에 있어요.

민 지 : 가방은 어디에 있어요?

기무라 : 책상 아래에 있어요.

민 지 : 책상 아래에 또 뭐가 있어요?

기무라 : 공도 있어요.

이야기해 봅시다

- 방에 무엇이 있어요? 어디에 있어요? 〈그림〉을 보고 이야기하세요.

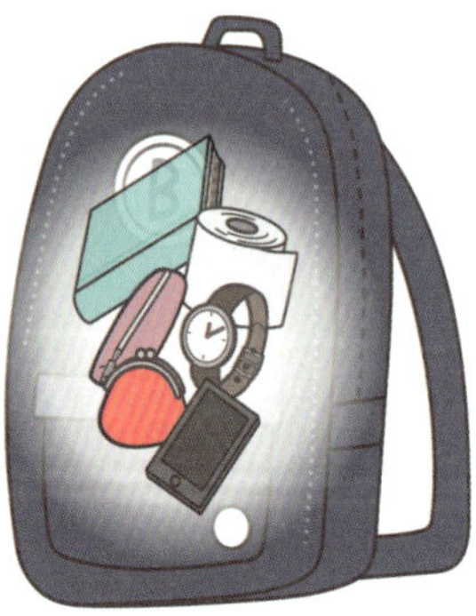

단어장

사전

또

5과 듣고 말하기 교실

26

여기는 교실입니다. 교실 안에 선생님이 없습니다. 학생만 있습니다. 교실에 칠판이 있습니다. 칠판 오른쪽에 텔레비전이 있습니다. 텔레비전 앞에 송영 씨가 있습니다. 송영 씨 옆에 기무라 씨가 있습니다. 꾸언 씨는 기무라 씨하고 소피아 씨 사이에 있습니다.

단어장

- 오른쪽
- 앞
- 하고
- 사이

이야기해 봅시다

- 교실에 무엇이 있어요? 어디에 있어요? 친구들과 이야기하세요.

여기는 교실입니다.

• 다음을 보고 이야기하세요.

◉ 다음을 듣고 대답하세요. 27

1. 방에 무엇이 있어요?

____

2. 맞으면 ○, 틀리면 × 하세요.

① 제 방은 안 넓어요. ( )

② 텔레비전이 침대 앞에 있어요. ( )

③ 쓰레기통이 책상 아래에 있어요. ( )

④ 책상 위에 컴퓨터가 있어요. 책은 없어요. ( )

단어장

넓다

이야기해 봅시다

• 여러분 방에 무엇이 있어요? 어디에 있어요? 이야기하세요.

말하기 Tip

왕붕 씨, 방에 무엇이 있어요?
책상이 어디에 있어요?

• 여기는 백화점이에요. 백화점에 무엇이 있어요?

◉ 다음을 읽고 대답하세요.

여기는 N백화점입니다. 백화점이 아주 큽니다. 백화점 1층에 신발이 있습니다. 가방도 있습니다. 백화점 2층에 여성복이 있습니다. 남성복은 2층에 없습니다. 3층에 있습니다. 백화점 5층에 서점이 있습니다. 서점에 학생이 많이 있습니다. 학생들이 책을 읽습니다.

1. 남성복은 어디에 있어요?

____

2. 맞으면 ○, 틀리면 × 하세요.
   ① N백화점은 아주 큽니다. ( )
   ② 가방은 2층에 있습니다. ( )
   ③ 서점에 학생들이 많습니다. ( )
   ④ 1층에 신발, 여성복이 있습니다. ( )

단어장

백화점
층
여성복
남성복
서점
많이
읽다

5과 쓰기

◉ 여러분의 방에 무엇이 있어요? 어디에 있어요? 그림을 그리세요. 쓰세요.

5과 어휘+

위 치 꽃이 어디에 있어요?

의자 위

의자 아래(밑)

의자 앞

의자 뒤

의자 왼쪽(옆)

의자 오른쪽(옆)

의자하고 책상 사이

옷장 안

옷장 밖

6과 어제 해운대에 갔어요.

학습목표

| 대화 주말
| 듣고 말하기 일기

| 듣기 어제 이야기
| 읽기 주말
| 쓰기 일기

| 문법과 표현1 -았/었어요
| 문법과 표현2 에 (1)
| 문법과 표현3 에서

| 어휘+
장소

-았/었어요

ㅏ, ㅗ (o)	-았-		가다	가+았어요	→ 갔어요
			앉다	앉+았어요	→ 앉았어요
			오다	오+았어요	→ 왔어요
			좋다	좋+았어요	→ 좋았어요
ㅏ, ㅗ (x)	-었-		먹다	먹+었어요	→ 먹었어요
			배우다	배우+었어요	→ 배웠어요
			마시다	마시+었어요	→ 마셨어요
-하다	-했-		공부하다	공부하다	→ 공부했어요
-이다	받침 o	-이었-	학생이다	학생+이었어요	→ 학생이었어요
	받침 x	-였-	요리사이다	요리사+였어요	→ 요리사였어요

예 문

동 우 : 어제 날씨가 정말 좋았어요. 저는 등산을 했어요.
송 영 : 저는 어제 영화를 봤어요. 액션 영화였어요.
재미있었어요.

말해 봅시다

• 〈보기〉와 같이 그림을 보고 이야기하세요.

보 기

가 : 어제 뭐 했어요?
나 : 쓰기 숙제를 했어요.
가 : 어땠어요?
나 : 어려웠어요.

1. 

2. 

3. 

4. 

5. 

6. 

단어장
앉다
어제
등산(을) 하다
쓰기

6과 문법과 표현 2

에 (1)

예문

민 지 : 소피아 씨가 교실에 있어요?
꾸 언 : 아니요. 교실에 없어요. 집에 갔어요.

※ 에 있다/없다, 에 가다/오다

연습

• 그림을 보고 쓰세요.

1. 

   가 : 지금 어디에 가요?
   나 : ______________________

2. 

   가 : 어제 어디에 갔어요?
   나 : ______________________

3. 

   가 : 내일 어디에 가요?
   나 : ______________________

4. 

   가 : 서점에 가요?
   나 : 아니요. ______________________

말해 봅시다

• 〈보기〉와 같이 그림을 보고 이야기하세요.

보기

가 : 어제 마트에 갔어요?
나 : 아니요. 마트에 안 갔어요.
가 : 그럼, 어디에 갔어요?
나 : 문구점에 갔어요. 공책을 샀어요.

단어장
내일
문구점
약국
노래방
미용실

1.

2.

3.

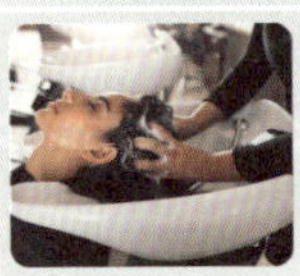

문법과 표현 3

에서

예 문

안 나 : 어제 도서관에 갔어요. 도서관에서 책을 빌렸어요.
제임스 : 저도 어제 도서관에 갔어요. 저는 도서관에서 숙제를 했어요.

연 습

• 대화를 완성하세요.

1. 가 : 해운대에서 뭐 했어요?
   나 : ______________________________

2. 가 : 보통 어디에서 공부를 해요?
   나 : ______________________________

3. 가 : 어디에서 운동을 했어요?
   나 : ______________________________

4. 가 : 가방을 백화점에서 샀어요?
   나 : 아니요. ______________________________

말해 봅시다

• 〈보기〉와 같이 그림을 보고 이야기하세요.

보 기

가 : 안나 씨, 지금 어디에 가요?
나 : 공원에 가요.
가 : 공원에서 뭐 해요?
나 : 자전거를 타요.

1. 

2. 

3. 

4. 

5. 

6. 

단어장

도서관
빌리다
숙제(를) 하다
보통
공부(를) 하다
공원

6과 대화 주말

28

왕 붕 : 송영 씨, 주말에 뭐 했어요?
송 영 : 저는 해운대에 갔어요.
왕 붕 : 해운대에서 뭐 했어요?
송 영 : 해운대에서 바다를 봤어요. 그리고 수영도 했어요.
재미있었어요.
왕붕 씨는 주말에 뭐 했어요?
왕 붕 : 저는 집에 있었어요. 청소를 했어요. 그리고 쉬었어요.

단어장
- 주말
- 쉬다
- 산책(을) 하다
- 빨래(를) 하다
- 드라마

이야기해 봅시다

송영		왕붕	
해운대	바다를 보다 / 수영을 하다	집	청소를 하다 / 쉬다
공원	운동을 하다 / 산책을 하다	집	빨래를 하다 / 드라마를 보다
커피숍	친구를 만나다 / 커피를 마시다	집	요리를 하다 / 책을 읽다

6과 듣고 말하기 일기

29

3월 26일 금요일 날씨: 맑음

오늘 남포동에 갔습니다. 남포동에서 꾸언 씨를 만났습니다. 우리는 백화점에 갔습니다. 백화점에서 쇼핑을 했습니다. 그리고 함께 영화관에 갔습니다. 가족 영화를 봤습니다. 아주 슬펐습니다. 많이 울었습니다. 우리는 배가 고팠습니다. 그래서 베트남 식당에 갔습니다. 식당에서 쌀국수를 먹었습니다. 정말 맛있었습니다.

단어장

일기
금요일
맑음
쇼핑(을) 하다
함께
영화관
가족
슬프다
울다
배가 고프다
식당
쌀국수
정말

이야기해 봅시다

- 어제 무엇을 했어요? 친구들과 이야기하세요.

어제 ______에 갔습니다.

6과 듣기

• 여러분은 어제 뭐 했어요?

◉ 다음을 듣고 대답하세요. 🎧 30

1. 소피아는 왜 숙제를 못 했어요?

____

2. 같은 것을 고르세요. (　　)
   ① 소피아는 어제 바빴습니다.
   ② 왕붕은 숙제를 못 했습니다.
   ③ 소피아는 지금 책을 읽고 있습니다.
   ④ 왕붕은 어제 도서관에서 책을 안 읽었습니다.

단어장
이사(를) 하다
거기

이야기해 봅시다

• 주말에 뭐 했어요? 이야기하세요.

말하기 Tip

기무라 씨, 주말에 어디에 갔어요?
거기에서 무엇을 했어요?
어땠어요?

• 바다에서 무엇을 해요? 다음을 보고 이야기하세요.

◉ 다음을 읽고 대답하세요.

어제는 일요일이었습니다. 저는 아침에 집에서 청소를 했습니다. 그리고 저녁에 광안리에 갔습니다. 광안리에서 친구를 만났습니다. 우리는 산책을 했습니다. 야경을 구경했습니다. 야경이 아주 예뻤습니다. 그래서 사진을 많이 찍었습니다. 그리고 커피숍에서 차를 마셨습니다. 우리는 이야기도 많이 했습니다. 오늘은 정말 즐거웠습니다.

1. 어제 아침에 어디에서 무엇을 했어요?

____

2. 다른 것을 고르세요. (　　)

① 오늘은 월요일입니다.
② 어제 광안리 야경은 아주 예뻤습니다.
③ 아침에 광안리에서 사진을 찍었습니다.
④ 저는 어제 커피숍에서 차를 마셨습니다.

단어장

아침
저녁
야경
구경하다
찍다
이야기(를) 하다
월요일

6과 쓰기

◉ 일기를 쓰세요.

년 월 일 요일 날씨:

장소 어디에 가요?

도서관

영화관

공원

편의점

식당

커피숍

서점

시장

회사

공항

병원

경찰서

우체국

운동장

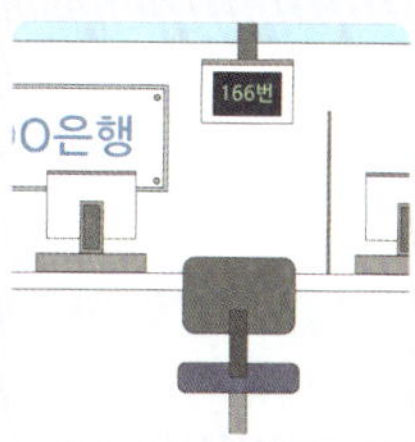

은행

백화점

7과 언니를 만나러 서울에 가요.

학습목표

| 대화 방학 계획
| 듣고 말하기 서울 관광

| 듣기 태권도
| 읽기 배드민턴
| 쓰기 계획

| 문법과 표현1 에 (2)
| 문법과 표현2 -(으)러 가다/오다
| 문법과 표현3 -고 싶다

| 어휘+
시간·요일
날짜

에 (2)

예문

동 우 : 내일 뭐 해요?
송 영 : 공항에 가요.
동 우 : 언제 가요?
송 영 : 오후에 가요.

연습

• 〈보기〉와 같이 쓰세요.

〈보기〉 가 : 언제 운동을 해요?
나 : 저녁에 운동을 해요.

1. 가 : 언제 한국에 왔어요?
   나 : ______________________
2. 가 : 무슨 요일에 시험이 있어요?
   나 : ______________________
3. 가 : 보통 언제 빨래를 해요?
   나 : ______________________
4. 가 : 고향에 언제 가요?
   나 : ______________________

말해 봅시다

• 〈보기〉와 같이 그림을 보고 이야기하세요.

보기

가 : 월요일 오전에 무엇을 해요?
나 : 한국어를 배워요.

단어장
공항
오후
언제
요일
시험
오전

-(으)러 가다/오다

받침 ○	-으러
받침 ×	-러
ㄹ받침	-러

예문

기무라 : 소피아 씨, 어디에 가요?
소피아 : 서면에 친구를 만나러 가요.
기무라 씨는요?
기무라 : 저는 책을 사러 서점에 가요.

연습 • 대화를 완성하세요.

1. 가 : 동우 씨가 왜 운동장에 갔어요?
   나 : ______________________________
2. 가 : 친구가 한국에 왜 와요?
   나 : ______________________________
3. 가 : 어제 학교에 갔어요?
   나 : 아니요. 도서관에 ______________________________
4. 가 : 내일 서울에 뭐 하러 가요?
   나 : ______________________________

말해 봅시다

• 〈보기〉와 같이 그림을 보고 이야기하세요.

보기

가 : 민지 씨, 어제 어디에 갔어요?
나 : 커피숍에 갔어요.
가 : 커피숍에 왜 갔어요?
나 : 친구를 만나러 갔어요.

1. 
2. 
3. 
4. 

단어장
운동장
놀다

-고 싶다

예문

기무라 : 어디에 가고 싶어요?

소피아 : 고향에 가고 싶어요. 고향에서 고향 음식을 먹고 싶어요.
그리고 친구들도 만나고 싶어요.

※ -고 싶어 하다

나는 고향에 가고 싶어요.
친구는 여행을 가고 싶어 해요.

말해 봅시다

• 〈보기〉와 같이 그림을 보고 이야기하세요.

보기

가 : 뭐 하고 싶어요?

나 : 날씨가 너무 더워요. 그래서 물을 마시고 싶어요.

1. 

2. 

3. 

4. 

5. 

6. 

7. 

8. 

9. 

단어장

물

7과 대화 방학 계획

31

동 우 : 송영 씨, 방학에 뭐 해요?
송 영 : 언니를 만나러 서울에 가요.
동 우 : 언니가 서울에 살아요?
송 영 : 네. 작년에 일을 하러 한국에 왔어요.
동우 씨는 방학에 뭐 해요?
동 우 : 저는 제주도에 가요. 한라산에 올라가고 싶어요.

단어장
방학
계획
언니
작년
일
올라가다
누나
댄스
해산물
가르치다
관광(을) 하다

이야기해 봅시다

언니 / 누나	동우
일을 하다	한라산에 올라가다
K-Pop 댄스를 배우다	해산물을 먹다
영어를 가르치다	제주 관광을 하다

듣고 말하기 서울 관광

32

저는 방학에 언니를 만나러 서울에 갔습니다. 언니는 작년에 일을 하러 한국에 왔습니다. 그런데 아직 서울 관광을 못 했습니다. 그래서 같이 경복궁에 갔습니다. 경복궁이 아주 아름다웠습니다. 경복궁에서 사진을 많이 찍었습니다. 재미있었습니다. 다음에는 야경을 보러 서울타워에 가고 싶습니다.

단어장

- 그런데
- 아직
- 같이
- 아름답다
- 다음

이야기해 봅시다

- 여러분은 한국에서 어디에 가고 싶어요? 친구들과 이야기하세요.

저는 지난 달에 한국에 왔습니다. 그런데

7과 듣기

• 다음을 보고 이야기하세요.

◉ 다음을 듣고 대답하세요. 33

1. 송영은 어디에 가요?

---

2. 같은 것을 고르세요. (　　)

① 송영은 태권도를 배웁니다.
② 꾸언은 요리를 배웠습니다.
③ 송영은 태권도가 안 힘듭니다.
④ 꾸언은 운동을 아주 좋아합니다.

단어장

태권도
싫어하다

이야기해 봅시다

• 여러분은 요즘 무엇을 배워요? 무엇을 배우고 싶어요? 이야기하세요.

말하기 Tip

제임스 씨, 요즘 무엇을 배워요?
왜 배워요?
다음에는 무엇을 배우고 싶어요?
왜 배우고 싶어요?

• 다음을 보고 이야기하세요.

◉ 다음을 읽고 대답하세요.

저는 배드민턴을 배우고 싶었습니다. 그래서 작년 3월에 배드민턴을 배우러 체육관에 갔습니다. 처음에는 배드민턴이 어려웠습니다. 여름 방학에 배드민턴을 많이 연습했습니다. 그래서 지금은 잘 칩니다. 다음 주말에는 공원에 배드민턴을 치러 갑니다. 친구들하고 시합을 합니다. 꼭 이기고 싶습니다.

1. 이 사람은 배드민턴을 배우러 어디에 갔어요?

____

2. 같은 것을 고르세요. (　　)
   ① 저는 처음에 배드민턴이 쉬웠습니다.
   ② 저는 친구들하고 다음 주에 체육관에 갑니다.
   ③ 저는 배드민턴 시합에서 친구들을 이겼습니다.
   ④ 저는 다음 주말에 친구들하고 약속이 있습니다.

단어장
- 배드민턴을 치다
- 월
- 체육관
- 처음
- 여름
- 연습하다
- 시합(을) 하다
- 꼭
- 이기다

7과 쓰기

◉ 여러분은 무엇을 배웠어요? 다음에는 무엇을 배우고 싶어요? 모두 쓰세요.

① 고향에서 무엇을 배웠습니까?
② 언제, 어디에서 배웠습니까?
③ 어땠습니까?
④ 다음에는 무엇을 배우고 싶습니까?
⑤ 왜 그것을 배우고 싶습니까?

7과 어휘+

시간 · 요일

작년	올해	내년	매년
지난달	이번 달	다음 달	매월
지난주	이번 주	다음 주	매주
어제	오늘	내일	매일

평일					주말	
월요일	화요일	수요일	목요일	금요일	토요일	일요일

아침	점심	저녁	새벽
낮		밤	
오전		오후	

※ 어제, 오늘, 내일, 언제, 매년, 매월, 매주, 매일, 지금, 올해 + 에 (×)

날 짜

몇 월 며칠입니까? / -월 -일입니다.

	월	일
1	일	일
2	이	이
3	삼	삼
4	사	사
5	오	오
6	유	육
7	칠	칠
8	팔	팔
9	구	구
10	시	십
11	십일	십일
12	십이	십이

연 습 • 다음 날짜를 읽으세요.

1. 4 / 5 → 사월 오일
2. 6 / 6 → ____________
3. 8 / 16 → ____________
4. 10 / 10 → ____________
5. 11 / 30 → ____________
6. 12 / 25 → ____________
7. 12 / 31 → ____________

※ 1999년 : 천구백구십구 년
2021년 : 이천이십일 년
2100년 : 이천백 년

• 〈보기〉와 같이 친구에게 물어보세요.

보 기

가 : 민지 씨, 생일이 몇 월 며칠이에요?
나 : (제 생일은) 5월 20일이에요.

8과 학교에 지하철로 가요.

학습목표

| 대화 교통수단
| 듣고 말하기 출근

| 듣기 휴가
| 읽기 여행
| 쓰기 여행

| 문법과 표현 1 (으)로
| 문법과 표현 2 -(으)세요/-지 마세요
| 문법과 표현 3 에서 까지

| 어휘+
시·분
시간·분

(으)로

받침 ○	으로	휴대폰으로
받침 ×	로	자전거로
ㄹ받침	로	연필로

예문

기무라 : 밥을 무엇으로 먹어요?
민 지 : 숟가락으로 먹어요.

안 나 : 일본에 어떻게 가요?
제임스 : 비행기로 가요.

연습 • 〈보기〉와 같이 그림을 보고 쓰세요.

〈보기〉 

가 : 회사에 어떻게 가요?
나 : 지하철로 가요.

1. 

가 : 라면을 무엇으로 먹어요?
나 : ____________________

2. 

가 : 쓰기 시험은 무엇으로 써요?
나 : ____________________

3. 

가 : 학교에 어떻게 왔어요?
나 : ____________________

4. 

가 : 종이는 무엇으로 만들어요?
나 : ____________________

단어장
밥
어떻게
숟가락
비행기
지하철
쓰다
종이
카메라

말해 봅시다

• 〈보기〉와 같이 그림을 보고 이야기하세요.

보 기

가 : 카메라로 무엇을 해요?
나 : 사진을 찍어요.

1. 

2. 

3. 

4. 

에서 까지

예 문

송　영 : 한국에서 고향까지 어떻게 가요?
기무라 : 비행기로 가요.
송　영 : 한국에서 고향까지 얼마나 걸려요?
기무라 : 비행기로 1시간 30분 정도 걸려요.

※ 부터 까지

연 습

• 〈보기〉와 같이 쓰세요.

〈보기〉	집 → 학교 버스 / 30분	가 : 집에서 학교까지 얼마나 걸려요? 나 : 버스로 삼십 분 정도 걸려요.
1.	부산 → 서울 KTX / 2시간 40분	가 : ______________________ 나 : ______________________
2.	언어교육원 → 집 지하철 / 15분	가 : ______________________ 나 : ______________________
3.	부산 → 제주도 배 / 12시간	가 : ______________________ 나 : ______________________

말해 봅시다

• 〈보기〉와 같이 그림을 보고 이야기하세요.

보 기

가 : 기무라 씨, 어디에 가요?
나 : 산책하러 공원에 가요.
가 : 여기에서 공원까지 얼마나 걸려요?
나 : 자전거로 10분 정도 걸려요. 아주 가까워요.

1.

2.

3.

단어장
얼마나
(시간이) 걸리다
분
정도
KTX
배
걸어서
가깝다

−(으)세요/−지 마세요

받침 ○	-으세요	
받침 ×	-세요	-지 마세요
ㄹ받침	-세요	

예문

꾸언 : 감기에 걸렸어요.
민지 : 물을 자주 마시세요.
그리고 커피를 마시지 마세요.
꾸언 : 네. 알겠어요.

※ -(으)십시오 / -지 마십시오

연습 • 〈보기〉와 같이 쓰세요.

〈보기〉 가 : 날씨가 너무 추워요.
나 : 옷을 입으세요. / 아이스크림을 먹지 마세요.

1. 가 : 아침에 매일 지각해요.
   나 : 일찍 ______________________
2. 가 : 다리가 많이 아파요.
   나 : ______________________
3. 가 : 엘리베이터에 사람이 아주 많아요.
   나 : ______________________
4. 가 : 돈이 없어요.
   나 : ______________________

말해 봅시다

• 〈보기〉와 같이 그림을 보고 이야기하세요.

보기

도서관에서 사람들이 공부하고 있어요.
조용히 하세요. / 이야기하지 마세요.

1.

2.

3.

단어장
감기에 걸리다
입다
지각하다
일찍
다리
엘리베이터

34

소피아 : 여기에서 부전 시장까지 어떻게 가요?
동 우 : 지하철로 가요. 그리고 버스도 있어요.
소피아 : 저 버스도 부전 시장에 가요?
동 우 : 아니요. 100번 버스는 안 가요. 77번 버스를 타세요.
소피아 : 네. 알겠어요.
동 우 : 그런데 지금은 퇴근 시간이에요.
버스를 타지 마세요. 지하철을 타세요.
소피아 : 네. 고마워요.

단어장
교통수단
번
퇴근
장소
출근
마라톤
대회

이야기해 봅시다

장소	버스	이유
부전 시장	77번	퇴근 시간이다
광안리	49번	출근 시간이다
서면	80번	마라톤 대회가 있다

듣고 말하기 출근

35

제임스 씨하고 안나 씨는 회사원입니다. 제임스 씨 회사는 집에서 멉니다. 지하철로 1시간 20분 정도 걸립니다. 그래서 보통 지하철에서 음악을 듣습니다. 책도 읽습니다.

안나 씨 회사는 집 근처에 있습니다. 아침에 시간이 많습니다. 그래서 운동을 합니다. 아침도 꼭 먹습니다. 그리고 집에서 회사까지 걸어서 출근합니다. 10분 정도 걸립니다.

단어장

멀다
근처

이야기해 봅시다

- 여러분 집은 어디에 있어요? 어떻게 가요? 얼마나 걸려요? 친구들과 이야기하세요.

저는 학생입니다. 우리 집은

8과 듣기

• 여러분은 휴가에 어디에 가고 싶어요? 어떻게 가요? 다음을 보고 이야기하세요.

◉ 다음을 듣고 대답하세요. 🎧 36

1. 제임스 씨 휴가는 언제부터 언제까지예요?

____

2. 같은 것을 고르세요. (   )

① 제임스 씨는 휴가에 부산에 갑니다.
② 제임스 씨는 여행 준비가 끝났습니다.
③ 제임스 씨는 어제 비행기 표를 샀습니다.
④ 부산에서 제주도까지 배로 12시간 걸립니다.

단어장

휴가
이번 주
수요일
토요일
준비(를) 하다
끝나다

이야기해 봅시다

• 여러분은 방학에 어디에 가고 싶어요? 이야기하세요.

말하기 Tip

> 동우 씨는 방학에 어디에 가고 싶어요?
> 어떻게 가요?
> 얼마나 걸려요?

8과 읽기

• 다음을 보고 이야기하세요.

⊙ 다음을 읽고 대답하세요.

저는 지난 주말에 부모님을 만나러 고향에 갔습니다. 부산에서 고향까지 비행기로 5시간 정도 걸렸습니다. 하노이 공항에서 가족을 만났습니다. 다음 날은 어머니 생신이었습니다. 그래서 가족하고 자동차로 바다에 갔습니다. 집에서 바다까지 40분 정도 걸렸습니다. 바다가 아주 아름다웠습니다. 바닷바람도 시원했습니다. 우리 가족은 사진을 많이 찍었습니다. 그리고 근처 식당에서 어머니 생신을 축하했습니다. 정말 행복했습니다.

1. 빈 칸에 알맞은 말을 쓰세요.

	지난 주말	다음 날
어디에 갔어요?		
어떻게 갔어요?		
얼마나 걸렸어요?		

단어장

다음 날
생신
자동차
바닷바람
시원하다
축하하다
행복하다

2. 같은 것을 고르세요. (　　)

① 저는 부산에서 가족을 만났습니다.
② 저는 부모님하고 고향에 갔습니다.
③ 저는 가족하고 바다에서 사진을 찍었습니다.
④ 저는 고향 집에서 어머니 생신을 축하했습니다.

8과 쓰기

◉ 여러분은 어디에 여행을 갔어요? 다음을 모두 쓰세요.

① 언제, 어디에, 누구하고 갔습니까?
② 어떻게 갔습니까? 시간이 얼마나 걸렸습니까?
③ 거기에서 무엇을 했습니까?
④ 어땠습니까?
⑤ 다음에는 어디에 가고 싶습니까? 왜 거기에 가고 싶습니까?

시 · 분 몇 시예요?

시	1시	2시	3시	4시	5시	6시
	한 시	두 시	세 시	네 시	다섯 시	여섯 시
	7시	8시	9시	10시	11시	12시
	일곱 시	여덟 시	아홉 시	열 시	열한 시	열두 시

분	5분	10분	15분	30분	55분
	오 분	십 분	십오 분	삼십 분 / ○○시 반	오십오 분 / ○○시 오 분 전

※ a.m. : 오전　　p.m. : 오후　　a.m. 9:20 (오전 아홉 시 이십 분)

한 시입니다.

두 시 오 분입니다.

세 시 삼십 분입니다.
세 시 반입니다.

네 시 오십오 분입니다.
다섯 시 오 분 전입니다.

시간 · 분 얼마나 걸려요?

시간	1시간	2시간	3시간	4시간	5시간	6시간
	한 시간	두 시간	세 시간	네 시간	다섯 시간	여섯 시간
	7시간	8시간	9시간	10시간	24시간	48시간
	일곱 시간	여덟 시간	아홉 시간	열 시간	스물네 시간/ 이십사 시간	마흔여덟 시간/ 사십팔 시간

분	5분	10분	15분	30분	55분
	오 분	십 분	십오 분	삼십 분 / 반	오십오 분

9과 이 사람은 내 동생이에요.

학습목표

| 대화 가족사진
| 듣고 말하기 형제

| 듣기 언니의 남편
| 읽기 가족 소개
| 쓰기 가족 소개

| 문법과 표현1 와/과
| 문법과 표현2 -고 (1)
| 문법과 표현3 -고 (2)

| 어휘+
가족
나이

와/과

예문

꾸 언 : 문구점에서 무엇을 사요?
민 지 : 책과 공책을 사요.

왕 붕 : 민지 씨는 누구하고 밥을 먹었어요?
민 지 : 저는 오빠와 (같이) 밥을 먹었어요.

※ 와/과 = 하고 = (이)랑

연습

• 대화를 완성하세요.

1. 가 : 가방 안에 무엇이 있어요?
   나 : ______________________
2. 가 : 무슨 차를 자주 마셔요?
   나 : ______________________
3. 가 : 마트에서 무엇을 사요?
   나 : ______________________
4. 가 : 오늘 누구하고 점심을 먹어요?
   나 : ______________________

말해 봅시다

• 〈보기〉와 같이 이야기하세요..

보기

가 : 주말에 뭐 했어요?
나 : 고향 친구하고 운동을 했어요.
가 : 무슨 운동을 했어요?
나 : 축구와 야구를 했어요.

고향 친구	운동을 하다	축구 / 야구
동생	백화점에 가다	모자 / 운동화
가족	부산 관광을 하다	해운대 / 남포동

단어장
누구
오빠
야구
동생
운동화

-고 (1)

예문

꾸 언 : 동우 씨 형은 어때요?
동 우 : 키가 크고 잘생겼어요.
꾸 언 : 동우 씨는 주말에 뭐 해요?
동 우 : 형하고 같이 집안일을 해요.
저는 청소를 하고 형은 빨래를 해요.

연습

• 그림을 보고 쓰세요.

1.  

가 : 오늘 날씨가 어때요?
나 : ____________________

2. 
기무라

안나

가 : 무엇을 해요?
나 : 기무라는 ____________________

3. 
제임스

기무라

가 : 어제 무엇을 했어요?
나 : ____________________

4. 
제임스

동우

가 : 직업이 뭐예요?
나 : ____________________

말해 봅시다

• 〈보기〉와 같이 이야기하세요.

보기

가 : 지하철이 어때요?
나 : 빠르고 편리해요.

1. 
2. 
3. 
4. 

단어장
형
키가 크다
잘생기다
편리하다

–고 (2)

예문

안　나 : 기무라 씨, 저녁에 뭐 해요?
기무라 : 퇴근하고 친구를 만나요. 안나 씨는 퇴근하고 뭐 해요?
안　나 : 저녁을 먹고 나서 공원에서 산책해요.

※ –고 나서

연습 • 그림을 보고 쓰세요.

1. 아침

저는 아침에 ____________________

2. 오후

____

3. 저녁

____

4. 일요일

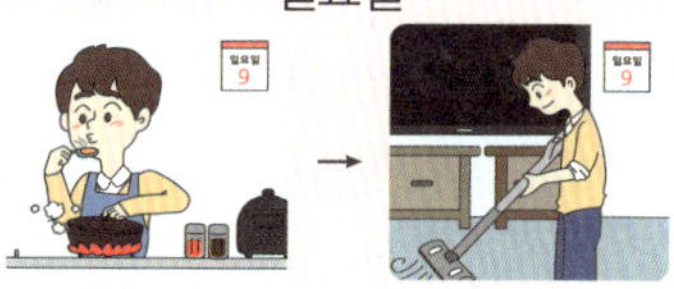

____

단어장
일어나다
세수(를) 하다

말해 봅시다

• 〈보기〉와 같이 그림을 보고 이야기하세요.

보기

저는 아침 6시 30분에 일어납니다. 그리고 6시 40분에 세수를 합니다.
세수를 하고 ____________________

a.m. 6:30

6:40

7:00

7:30

?

대화 가족사진

37

민 지 : 이게 뭐예요?
제임스 : 우리 가족사진이에요.
민 지 : 이 분은 누구예요?
제임스 : 우리 아버지예요.
민 지 : 아버지 옆의 분은 누구예요?
제임스 : 우리 어머니예요.
민 지 : 어머니 앞의 사람은 누구예요?
제임스 : 여동생하고 누나예요.
민 지 : 누나는 직업이 뭐예요?
제임스 : 간호사예요.

이야기해 봅시다

• 다음 가족사진을 보고 이야기하세요.

수미의 가족사진

마크의 가족사진

단어장

사진
분
아버지
의
어머니
여동생

9과 듣고 말하기 형제

38

저는 기무라입니다. 일본에서 왔습니다. 저는 형제가 많습니다. 형이 한 명 있고 남동생도 한 명 있습니다. 하지만 누나와 여동생은 없습니다. 남자 형제만 있습니다. 형은 은행원입니다. 키가 크고 잘생겼습니다. 작년에 결혼했습니다. 그리고 아이도 있습니다. 남동생은 축구선수입니다. 똑똑하고 착합니다.

단어장

형제
명
남동생
은행원
결혼하다
아이
똑똑하다
착하다

이야기해 봅시다

- 여러분은 형제가 있어요? 직업이 뭐예요? 어때요? 친구들과 이야기하세요.

저는 왕붕입니다. 중국에서 왔습니다.

9과 듣기

• 다음을 보고 이야기하세요.

◉ 다음을 듣고 대답하세요. 39

1. 민지 씨 언니의 남편은 어때요?

____

2. 같은 것을 고르세요. (　　)
   ① 민지의 언니는 의사입니다.
   ② 민지는 언니와 유럽에 갑니다.
   ③ 민지는 지금 결혼식장에 갑니다.
   ④ 민지 언니의 남편은 친절합니다.

단어장
남편
병원
일주일
동안
유럽
결혼식장

이야기해 봅시다

• 여러분은 결혼하고 어디에 여행가고 싶어요?

말하기 Tip

결혼하고 어디에 여행을 가고 싶어요?
왜 거기에 여행가고 싶어요?

9과 읽기

• 다음은 동우 씨의 가족입니다. 다음을 보고 이야기하세요.

가족	나이	직업
아버지	48	경찰
어머니	51	교사
형	27	기자
여동생	22	대학생

◉ 다음을 읽고 대답하세요.

제 이름은 제임스입니다. 캐나다 사람이고 스물두 살입니다. 저는 캐나다에서 대학교를 졸업했습니다. 그리고 작년에 한국에 왔습니다. 지금 영어학원에서 영어를 가르칩니다.

우리 가족은 모두 캐나다에서 삽니다. 아버지, 어머니, 형, 여동생 모두 다섯 명입니다. 아버지는 회사원이고 어머니는 주부입니다. 형은 스물다섯 살이고 은행원입니다. 여동생은 열여덟 살이고 고등학교에 다닙니다. 형은 잘생겼고 똑똑합니다. 여동생은 예쁘고 날씬합니다. 그리고 공부도 잘합니다. 저는 우리 가족이 너무 보고 싶습니다.

1. 제임스의 직업은 뭐예요?

____

2. 같은 것을 고르세요. (　　)

① 제임스의 여동생은 고등학생입니다.

② 제임스는 2년 전에 한국에 왔습니다.

③ 제임스의 가족은 지금 한국에서 삽니다.

④ 제임스의 형은 한국의 은행에서 일합니다.

단어장

나이
살
졸업하다
학원
모두
고등학교
다니다
날씬하다
너무
전

쓰기

◉ 다음은 소피아 씨의 가족입니다. 소개하세요.

가족	나이	직업	외모 / 성격	무엇을 잘해요?
아버지	50	요리사		
어머니	46	의사		
오빠	24	소방관		
남동생	17	고등학생		

가족 누구예요?

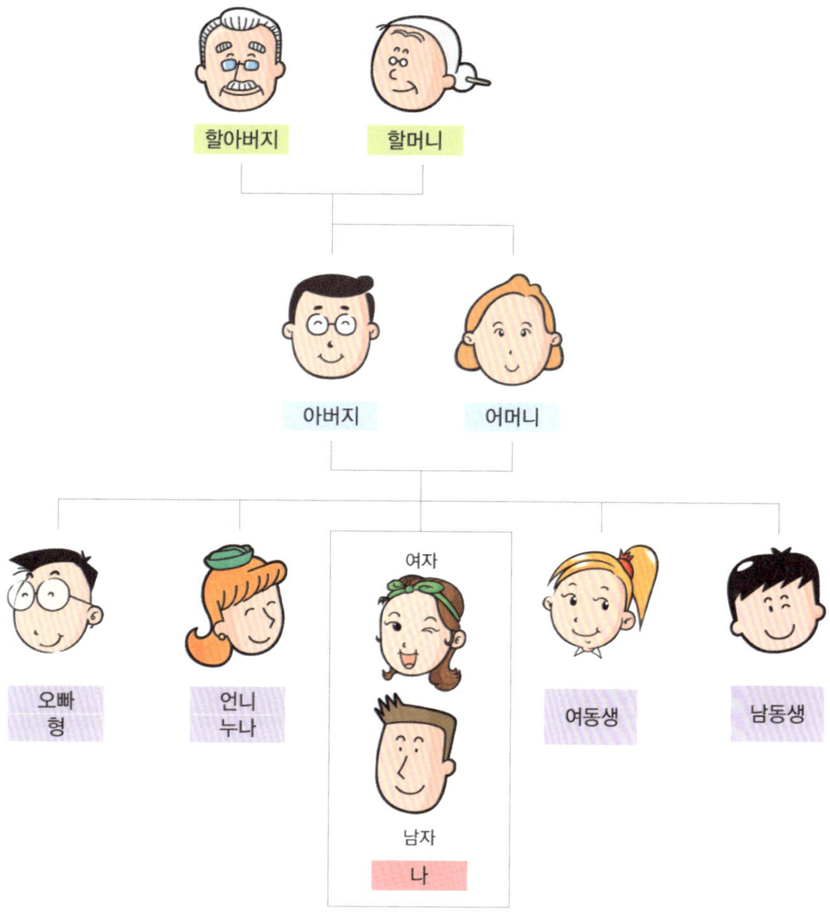

나이 몇 살이에요?

숫자 + 살										
	1	2	3	4	5	6	7	8	9	10
	한 살	두 살	세 살	네 살	다섯 살	여섯 살	일곱 살	여덟 살	아홉 살	열 살
	11	20	30	40	50	60	70	80	90	100
	열한 살	스무 살	서른 살	마흔 살	쉰 살	예순 살	일흔 살	여든 살	아흔 살	백 살

※ 21 : 스물한 살

10과 사과 한 개에 얼마예요?

학습목표

| **대화** 과일 가게
| **듣고 말하기** 장보기

| **듣기** 쇼핑하기
| **읽기** 백화점 쇼핑
| **쓰기** 쇼핑 경험

| **문법과 표현1** 얼마예요?/원이에요
| **문법과 표현2** 말고/-지 말고
| **문법과 표현3** -(으)면

| **어휘+**
단위 명사

얼마예요?/원이에요

1	2,	7	3	4,	5	0	0
⋮	⋮	⋮	⋮	⋮	⋮	⋮	⋮
천만	백만	십만	만	천	백	십	일

→ 천이백칠십삼만 사천오백

예 문

안 나 : 저 가방 얼마예요?
직 원 : 58,000원이에요. (오만 팔천 원이에요.)
안 나 : 이 가방은 얼마예요?
직 원 : 100,000원이에요. (십만 원이에요.)

※ 짜리 : 이 수박은 이만 원짜리예요.

말해 봅시다

• 〈보기〉와 같이 그림을 보고 이야기하세요.

보 기

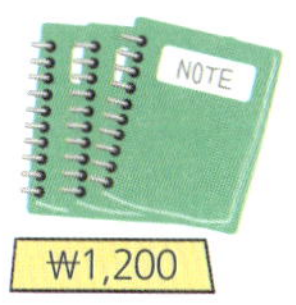

가 : 이 공책 얼마예요?
나 : 세 권에 천 이백 원이에요.

〈사과 / 개〉

〈커피 / 잔〉

〈배 / 개〉

〈바나나 / 송이〉

〈와인 / 병〉

〈양말 / 켤레〉

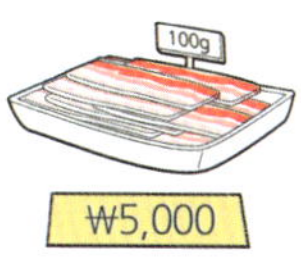

〈고기 / g〉

〈사진 / 장〉

단어장
얼마
원
짜리
권

말고/-지 말고

예 문

동 우 : 학교에 늦었어요.
송 영 : 그러면 버스 말고 지하철을 타세요.
동 우 : 지하철은 여기에서 타요?
송 영 : 아니요. 여기에서 타지 말고 저기에서 타세요.

※ 말고/-지 말고 + -(으)세요

연 습

- 대화를 완성하세요.

1. 가 : 여기는 한국어 교실입니다. ________ 말고 ________로 이야기하세요.
   나 : 네. 알겠습니다.

2. 가 : 콜라를 마시고 싶어요.
   나 : 콜라는 안 좋아요. ________________________________

3. 가 : 잠을 자고 싶어요.
   나 : 여기는 도서관이에요. 여기에서 ________________________________

4. 가 : 내일 등산하고 싶어요.
   나 : 내일은 너무 추워요. 등산을 ________________________________

말해 봅시다

- 〈보기〉와 같이 이야기하세요.

보 기

가 : 어디에 가요?
나 : 축구하러 가요.
가 : 너무 더워요. 축구하지 말고 영화를 보세요.
나 : 네. 알겠어요.

축구하다	너무 덥다	영화를 보다
산책하다	비가 오다	집에서 쉬다
게임하다	내일 시험이 있다	공부하다
친구를 만나다	집에 손님이 오다	청소를 하다

단어장
늦다
그러면
콜라
몸
벌
비
손님

-(으)면

받침 ○	-으면	손을 씻으면 깨끗해요.
받침 ×	-면	학교에 가면 선생님을 만나요.
ㄹ받침		창문을 열면 시원해요.

예문

동 우 : 아침부터 머리가 아파요.
송 영 : 그러면 병원에 가세요.
동 우 : 아니에요. 약을 먹으면 괜찮아요.
송 영 : 계속 아프면 꼭 병원에 가세요.

연습

• 대화를 완성하세요.

1. 가 : 과일이 너무 비싸요?
   나 : ______________________.

2. 가 : 언제 전화해요?
   나 : 고향에 ______________ 전화하세요.

3. 가 : 교실이 너무 더워요.
   나 : 문을 여세요. ______________ 시원해요.

4. 가 : 아침부터 집에만 있었어요. 그래서 너무 심심해요.
   나 : ______________________________

말해 봅시다

• 〈보기〉와 같이 이야기하세요.

보기

가 : 비가 많이 와요.
나 : 그러면 축구하러 가지 마세요. 비가 그치면 축구하러 가세요.

비가 많이 오다	축구하러 가다	비가 그치다
신발이 너무 비싸다	지금 사다	할인하다
용돈이 없다	쇼핑하다	용돈을 받다

단어장

머리
약
괜찮다
계속
가격
전화하다
심심하다
그치다
할인하다
받다

대화 과일 가게

40

주　인 : 어서 오세요.
송　영 : 이 사과 한 개 얼마예요?
주　인 : 2,000원이에요.
송　영 : 그러면 저 배는 얼마예요?
주　인 : 한 개에 3,000원이에요.
송　영 : 너무 비싸요.
주　인 : 하지만 맛있어요.
송　영 : 그러면 사과 4개하고 배 1개 주세요.
모두 얼마예요?
주　인 : 11,000원이에요.
송　영 : 좀 깎아 주세요.
주　인 : 그럼, 만 원만 주세요.

이야기해 봅시다

- 과일 가게에 왔어요. 과일을 사세요.

단어장
과일
가게
주인
개
주다
좀
깎아 주세요

10과 듣고 말하기 장보기

41

내일 왕붕 씨와 꾸언 씨가 우리 집에 옵니다. 그래서 오늘 마트에 장을 보러 갔습니다. 꾸언 씨와 왕붕 씨는 과일을 좋아합니다. 그래서 바나나를 샀습니다. 바나나는 한 송이에 7,000원이었습니다. 오늘 마트에서 고기를 할인했습니다. 그래서 고기를 많이 샀습니다. 나는 내일 불고기를 만들고 싶습니다. 친구들이 오면 과일도 먹고 불고기도 먹고 싶습니다.

단어장

장보기
장을 보다
송이
초대하다

이야기해 봅시다

- 집에 친구를 초대했어요. 무엇을 하고 싶어요? 친구들과 이야기하세요.

저는 ______와/과 ______을/를 우리 집에 초대했습니다.
그래서 오늘 마트에 장을 보러 갔습니다.

10과 듣기

• 다음을 보고 이야기하세요.

◉ 다음을 듣고 대답하세요. 🎧 42

1. 여기는 어디예요? (　　)
   ① 서점　　② 미용실　　③ 옷 가게　　④ 신발 가게

2. 같은 것을 고르세요. (　　)
   ① 운동화 가격은 팔만 원입니다.
   ② 기무라는 파란색 운동화를 샀습니다.
   ③ 기무라는 280mm 운동화를 샀습니다.
   ④ 기무라는 신용카드로 계산을 했습니다.

이야기해 봅시다

• 여기는 신발 가게입니다. 〈보기〉처럼 이야기해 보세요.

말하기 Tip

가 : 이 샌들 얼마예요?
나 : 50,000원이에요.
가 : 이 샌들은요?
나 : 30,000원이에요. 할인을 하고 있어요.
가 : 그럼, 50,000원짜리 말고 30,000원짜리 샌들 주세요.

단어장
파란색
잠깐
기다리다
몇
신다
거스름돈
신용카드
계산(하다)
샌들

10과 읽기

• 백화점에는 무슨 매장이 있어요? 다음을 보고 이야기하세요.

◉ 다음을 읽고 대답하세요.

송영 씨는 쇼핑을 좋아합니다. 송영 씨는 어제 민지 씨와 같이 백화점에 갔습니다. 백화점 물건은 품질이 좋고 다양합니다. 백화점 1층에는 가방 매장과 신발 매장이 있습니다. 2층에는 여성복 매장이 많습니다.

송영 씨와 민지 씨는 먼저 신발과 가방을 구경했습니다. 그리고 옷도 구경했습니다. 두 사람은 두 시간 동안 구경을 하고 물건을 샀습니다. 송영 씨는 20,000원짜리 티셔츠와 80,000원짜리 가방을 샀습니다. 민지 씨는 가방을 안 사고 티셔츠만 샀습니다.

1. 백화점 물건은 어때요?

____

2. 같은 것을 고르세요. (　　)

① 두 사람은 먼저 2층에 갔습니다.

② 두 사람은 모두 티셔츠를 샀습니다.

③ 송영의 티셔츠 가격은 팔만 원입니다.

④ 민지는 백화점에서 송영을 만났습니다.

단어장

매장
품질
다양하다
먼저
티셔츠

10과 쓰기

◉ 여러분은 한국에서 쇼핑을 했어요? 다음을 모두 쓰세요.

① 언제 쇼핑했습니까?
② 어디에서, 누구와 쇼핑했습니까?
③ 무엇을, 얼마나 샀습니까?
④ 모두 얼마였습니까?

단위명사 몇 개예요?

사과 네 개

옷 한 벌

신발 / 양말 세 켤레

강아지 한 마리

맥주 세 병

커피 네 잔

사진 두 장

책 다섯 권

비빔밥 한 그릇

자동차 / 카메라 한 대

꽃 한 송이

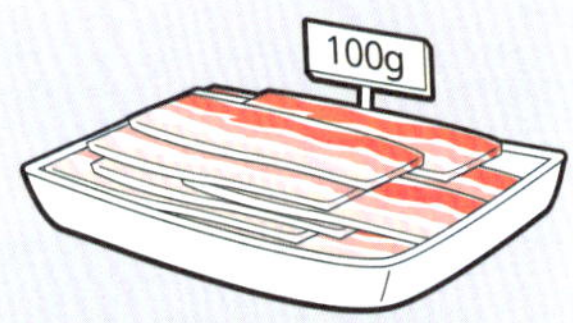

돼지고기
100그램(g)/킬로그램(kg)

학생 여섯 명

할머니 한 분

사과 한 상자 / 박스

11과 민지 씨에게 무슨 선물을 줬어요?

학습목표

- **대화** 졸업식 선물
- **듣고 말하기** 생일 선물
- **듣기** 태권도 대회
- **읽기** 크리스마스 선물
- **쓰기** 생일 선물

- **문법과 표현1** 에게 주다/에게(서) 받다
- **문법과 표현2** -(으)시-
- **문법과 표현3** -네요

- **어휘+**
  께서 주시다

에게 주다/에게(서) 받다

예 문

소피아 : 크리스마스에 송영 씨에게 무슨 선물을 주었어요?
민 지 : 향수를 줬어요.
소피아 : 민지 씨는 무슨 선물을 받았어요?
민 지 : 저는 송영 씨한테서 책을 받았어요.

※ 에게 = 한테

연 습

• 〈보기〉와 같이 그림을 보고 쓰세요.

〈보기〉

→ 제임스가 안나에게 가방을 주었습니다.
안나가 제임스에게 가방을 받았습니다.

1.

→ ____________________

2.

→ ____________________

3.

→ ____________________

4.

→ ____________________

말해 봅시다

• 〈보기〉와 같이 이야기하세요.

보 기

송 영 : 왕붕 씨는 생일에 무슨 선물을 받고 싶어요?
왕 붕 : 소피아에게 축구공을 받고 싶어요.
송 영 : 왜 축구공을 받고 싶어요?
왕 붕 : 저는 축구를 좋아해요.

소피아	축구공	축구를 좋아하다
친구	화장품	화장을 자주 하다
가족	자전거	자전거를 타고 싶다

단어장
크리스마스
선물
향수
생일
화장품
화장(을) 하다

-(으)시-

받침 O	-으시-
받침 X	-시-
ㄹ 받침	-시-

예 문

아버지께서 회사에 가십니다. / 아버지께서 회사에 가세요.

할아버지께서는 신문을 읽으십니다. / 할아버지께서는 신문을 읽으세요.

※ 이/가 → 께서, 은/는 → 께서는, 있다 → 계시다, 먹다/마시다 → 드시다, 자다 → 주무시다

예 문

왕 붕 : 할머니께서 어제 뭐 하셨어요?
꾸 언 : 병원에 가셨어요. 다리가 아프셨어요.
왕 붕 : 지금은 뭐 하세요?
꾸 언 : 텔레비전을 보세요. 드라마를 좋아하세요.

연 습

• 〈보기〉와 같이 쓰세요.

〈보기〉 동우가 전화를 기다립니다. → 아버지께서 전화를 기다리십니다.

1. 동우가 집에 갑니다.
   → 아버지께서 집에 ______________________
2. 동우는 매일 운동을 합니다.
   → 아버지께서는 매일 ______________________
3. 동우가 노래를 듣습니다.
   → 아버지께서 노래를 ______________________
4. 동우는 어제 서울로 출발했습니다.
   → 아버지께서는 어제 서울로 ______________________

말해 봅시다

• 〈보기〉와 같이 이야기하세요.

보 기

우리 아버지께서는 경찰이세요. 키가 크세요. 낚시를 좋아하세요.

아버지	경찰	키가 크다	낚시
어머니	간호사	친절하다	여행
할머니	10년 전에 선생님	건강하다	요리

단어장
할아버지
신문
할머니
출발하다
낚시
건강하다

-네요

예 문

제임스 : 민지 씨, 날씨가 참 좋네요. 밖에 놀러 가요.

민　지 : 그러면 우리 공원에 가요.

연 습

- 〈보기〉와 같이 쓰세요.

〈보기〉 가 : 날씨가 춥네요.

나 : 그러면 옷을 많이 입으세요.

1. 가 : 이 신발은 ______________________

   나 : 그러면 다른 신발을 신으세요.

2. 가 : ______________________

   나 : 그러면 한 개 더 사세요.

3. 가 : ______________________

   나 : 그러면 우산을 가져가세요.

4. 가 : ______________________

   나 : 힘들면 조금 쉬세요.

말해 봅시다

- 〈보기〉와 같이 그림을 보고 이야기하세요.

보 기

가 : 제 모자가 어때요?

나 : 예쁘네요. 잘 어울려요.

1.

2.

3.

4.

단어장

참
다른
더
우산
어울리다

대화 졸업식 선물

43

송 영 : 민지 씨 졸업식이 언제였어요?
꾸 언 : 어제였어요.
송 영 : 민지 씨 졸업식에 참석했어요?
꾸 언 : 네. 소피아 씨도 같이 갔어요.
송 영 : 꾸언 씨는 민지 씨에게 무슨 선물을 줬어요?
꾸 언 : 저는 꽃다발을 주고 소피아 씨는 귀걸이를 줬어요.
송 영 : 졸업식 끝나고 뭐 했어요?
꾸 언 : 같이 밥을 먹고 노래방에 갔어요. 재미있었어요.

단어장
졸업식
참석하다
귀걸이
꽃다발
볼링을 치다

이야기해 봅시다

꾸언의 선물	소피아의 선물	한 일
꽃다발	귀걸이	밥을 먹다 / 노래방에 가다
화장품	운동화	게임을 하다 / 술을 마시다
향수	가방	영화를 보다 / 볼링을 치다

듣고 말하기 생일 선물

44

어제는 제 생일이었습니다. 아침에 부모님께서 저에게 생일 축하 전화를 하셨습니다. 기분이 좋았습니다. 오후에는 친구들을 만나러 커피숍에 갔습니다. 소피아 씨에게 케이크와 생일 카드를 받았습니다. 그리고 꾸언 씨에게 목도리를 받았습니다. 우리는 커피숍에서 케이크를 먹고 생일 축하 노래도 불렀습니다. 내년 생일에는 고향에 가고 싶습니다. 고향에서 가족과 생일 파티를 하고 싶습니다.

단어장

- 부모님
- 카드
- 목도리
- 노래를 부르다
- 파티(를) 하다

이야기해 봅시다

- 여러분은 지난 생일에 뭐 했어요? 친구들과 이야기하세요.

지난 ____ 월 ____ 일은 제 생일이었습니다.

11과 듣기

- 다음을 보고 이야기하세요.

◉ 다음을 듣고 대답하세요. 45

1. 동우 씨는 무슨 대회에 참가했어요?

____

2. 같은 것을 고르세요. (　　)
   ① 두 사람은 대회에 참가했습니다.
   ② 부모님께서 대회를 보러 가셨습니다.
   ③ 동우 씨는 대회에서 상을 못 받았습니다.
   ④ 부모님께서 동우 씨에게 노트북을 주셨습니다.

단어장

등
참가하다
대단하다
상장
멋지다
상

이야기해 봅시다

- 여러분은 무슨 대회에 참가했어요?

말하기 Tip

기무라 씨는 무슨 대회에 참가했어요?
무슨 상을 받았어요?
기분이 어땠어요?

• 크리스마스는 몇 월 며칠이에요? 크리스마스에 보통 무엇을 해요?

◉ 다음을 읽고 대답하세요.

오늘은 크리스마스입니다. 선생님께서 우리 반 학생들을 집에 초대하셨습니다. 우리는 모두 크리스마스 선물을 준비했습니다. 저는 케이크와 와인을 준비했습니다. 왕붕 씨와 소피아 씨는 음식을 가져왔습니다. 꾸언 씨는 모두에게 카드를 주었습니다. 그리고 우리는 선생님께 책을 받았습니다. 우리는 음식을 먹었습니다. 그리고 케이크를 먹고 와인도 마셨습니다. 아주 즐거웠습니다.

1. 오늘은 무슨 날이에요?

____

단어장
며칠
가져오다

2. 같은 것을 고르세요. (　　)
① 저는 우리 반 친구들을 초대했습니다.
② 우리는 모두 꾸언 씨에게 카드를 받았습니다.
③ 선생님께서는 꾸언 씨에게 책을 받으셨습니다.
④ 소피아 씨는 케이크와 와인을 가지고 왔습니다.

11과 쓰기

◉ 여러분은 생일에 무엇을 하고 싶어요? 다음을 모두 쓰세요.

① 생일이 언제입니까?
② 지난 생일에 무엇을 했습니까? 어땠습니까?
③ 지난 생일에 무슨 선물을 받았습니까?
④ 다음 생일에 무엇을 하고 싶습니까?
⑤ 다음 생일에 누구에게 무슨 선물을 받고 싶습니까?

께서 주시다

할머니 → 민지

할머니께서 민지에게 사과를 주십니다.

어제 할머니께서 민지에게 사과를 주셨습니다.

할아버지 → 제임스

할아버지께서 제임스에게 휴대폰을 주세요.

작년에 할아버지께서 제임스에게 휴대폰을 주셨어요.

선생님 → 꾸언

선생님께서 꾸언에게 책을 주세요.

졸업식에 선생님께서 꾸언에게 책을 주셨어요.

12과 내일 휴대폰을 살 거예요.

학습목표

| 대화 계획
| 듣고 말하기 초대
| 듣기 오후 계획
| 읽기 거제도 여행
| 쓰기 방학 계획

| 문법과 표현1 -(으)ㄹ 거예요 (1)
| 문법과 표현2 -(으)ㄹ 거예요 (2)
| 문법과 표현3 -지만

| 어휘+
접속 부사

-(으)ㄹ 거예요 (1)

받침 O	-을 거예요	나는 아침을 먹을 거예요.
받침 X	-ㄹ 거예요	오후에 나는 집에서 잘 거예요.
ㄹ 받침	-거예요	주말에 한국 음식을 만들 거예요.

※ -(으)ㄹ 겁니다

예문

왕 붕 : 내일 날씨가 좋으면 뭐 할 거예요?
민 지 : 공원에서 친구와 사진을 찍을 거예요.

연습

• 대화를 완성하세요.

〈보기〉 

가 : 저녁에 뭐 해요?
나 : 영화를 볼 거예요.

1. 

가 : 주말에 뭐 할 거예요?
나 : ______________________

2. 

가 : 수업이 끝나면 뭐 해요?
나 : ______________________

3. 

가 : 제주도에 가면 뭐 할 거예요?
나 : ______________________

단어장
자다
수업
점심
김밥

말해 봅시다

• 〈보기〉와 같이 그림을 보고 이야기하세요.

보기

민지 : 왕붕 씨, 오늘 점심에 햄버거를 먹을 거예요?
왕붕 : 아니요. 김밥을 먹을 거예요.

1. 
〈내일 아침〉

2. 
〈저녁〉

3. 
〈졸업식〉

12과 문법과 표현 2

-(으)ㄹ 거예요 (2)

예 문

안 나 : 기무라 씨는 지금 어디에 있어요?
제임스 : 내일 시험이 있어요. 그래서 도서관에 갔을 거예요.
아마 도서관에서 공부하고 있을 거예요.

연 습

• 〈보기〉와 같이 쓰세요.

〈보기〉 가 : 동생은 뭐 해요?
나 : 아마 친구를 만날 거예요.

1. 가 : 학교 앞 식당이 어때요?
   나 : 저는 맛있었어요. 소피아 씨도 ______________________

2. 가 : 이 코트 어때요?
   나 : 너무 얇아요. 겨울에는 ______________________

3. 가 : 왕붕 씨, 선생님 전화번호를 알아요?
   나 : 저는 몰라요. 그런데 송영 씨는 ______________________

4. 가 : 민지 씨는 또 늦네요.
   나 : ______________________

말해 봅시다

• 〈보기〉와 같이 그림을 보고 이야기하세요.

보 기

민지 : 내일은 날씨가 맑아요?
왕붕 : 아마 내일도 맑을 거예요. 그래서 친구와 등산을 할 거예요.

1.

2.

3.

4.

단어장

아마
코트
얇다
겨울
전화번호
맑다

-지만

예문

동 우 : 소피아 씨, 태권도를 잘해요?
소피아 : 조금 배웠지만 잘 못해요.
동 우 : 태권도는 어때요?
소피아 : 힘들지만 재미있어요.

연습

• 대화를 완성하세요.

1. 가 : 와, 집에 책이 많네요!
   나 : ______________________ 안 읽어요.

2. 가 : 놀이 공원 아르바이트가 안 힘들어요?
   나 : ______________________ 월급이 많아요.

3. 가 : 동우 씨, 서울에서 살았어요? 어디가 좋아요?
   나 : ______________________ 잘 몰라요.

4. 가 : 미국에 갔어요? 친구를 만났어요?
   나 : ______________________ 친구를 못 만났어요.

단어장
다
놀이 공원
월급
알다
반
모르다

말해 봅시다

• 〈보기〉와 같이 그림을 보고 이야기하세요.

보기

소피아 : 자동차가 어때요?
왕 붕 : 비싸지만 멋있어요.

1.

2.

3.

4.

46

소피아 : 동우 씨, 내일 바빠요?
동　우 : 아니요. 별일 없어요. 왜요?
소피아 : 안 바쁘면 저하고 같이 휴대폰을 사러 가요.
동　우 : 좋아요. 그런데 어디에서 살 거예요?
소피아 : 학교 정문 근처에서 살 거예요.
동　우 : 거기는 좀 비싸요. 지하철역 근처 가게에 가요.
좀 멀지만 가격이 싸요.
소피아 : 그럼, 거기에 가요.

단어장
별일 없다
정문
삼계탕
무료

이야기해 봅시다

계획	단점 / 장점
휴대폰을 사다 / 가게	멀다 / 가격이 싸다
삼계탕을 먹다 / 식당	사람이 많다 / 밥이 무료이다
영화를 보다 / 영화관	영화관이 작다 / 학생 할인이 있다

47

오늘 제 친구 마이클이 캐나다에서 올 겁니다. 그래서 저는 아침부터 음식을 준비하고 있습니다. 마이클은 아마 지금 공항에 도착했을 겁니다. 그리고 오후 6시쯤에 우리 집에 올 겁니다. 제 한국 친구들도 마이클을 만나고 싶어 했습니다. 그래서 저는 한국 친구들도 초대했습니다. 오늘 친구들을 만나면 정말 행복할 겁니다.

단어장
도착하다
쯤

이야기해 봅시다

- 오늘 누가 올 거예요? 무엇을 할 거예요? 친구들과 이야기하세요.

오늘 제 친구 제니가 고향에서 올 겁니다.

12과 듣기

• 다음을 보고 이야기하세요.

◉ 다음을 듣고 대답하세요. 48

1. 두 사람은 오늘 오후에 무엇을 할 거예요?

기무라	
민 지	

2. 같은 것을 고르세요. (　　)

① 기무라는 오후에 쉴 겁니다.
② 민지는 학교에 축구를 하러 갔습니다.
③ 민지는 오늘 오후에 약속이 있습니다.
④ 날씨가 덥지만 기무라는 축구를 할 겁니다.

단어장
약속

이야기해 봅시다

• 여러분은 오늘 오후에 무엇을 할 거예요?

말하기 Tip

안나 씨는 오늘 오후에 어디에 갈 거예요?
뭐 할 거예요?
누구와 할 거예요?

12과 읽기

• 다음을 보고 이야기하세요.

◉ 다음을 읽고 대답하세요.

제 이름은 송영입니다. 지금 부산대학교에서 한국어를 배우고 있습니다. 저는 여행을 좋아합니다. 그래서 주말에 보통 여행을 합니다.

지난 주말에 거제도에 가고 싶었습니다. 그런데 비가 많이 왔습니다. 바람도 많이 불었습니다. (㉠) 거제도에 못 갔습니다. 이번 주말에 꼭 갈 겁니다. 거제도까지 배로 갈 겁니다. 거제도에 가면 거제도의 바다를 볼 겁니다. (㉡) 거제도의 음식도 먹을 겁니다. (㉢) 저는 거제도를 잘 모릅니다. 그래서 민지 씨와 같이 갈 겁니다. 민지 씨는 거제도 여행을 많이 했습니다.

1. 〈보기〉에서 알맞은 것을 찾아 쓰세요.

보기

그리고　　그래서　　그러나

단어장
바람이 불다

㉠ ____________________

㉡ ____________________

㉢ ____________________

2. 같은 것을 고르세요. (　　)

① 민지는 거제도에 처음 갑니다.
② 지난 주말에 날씨가 좋았습니다.
③ 송영은 이번 주말에 여행을 갈 겁니다.
④ 송영은 비행기를 타고 거제도에 갈 겁니다.

12과 쓰기

◉ 여러분은 방학에 무엇을 하고 싶어요? 다음을 모두 쓰세요.

① 방학에 무엇을 할 겁니까?

② 왜 그것을 하고 싶습니까?

③ 어디에서, 누구와 할 겁니까?

그리고

해운대에서 바다를 봤어요. 그리고 수영도 했어요. 재미있었어요.
사과를 좋아해요. 그리고 딸기도 좋아해요.
저는 7시에 세수를 합니다. 그리고 아침을 먹습니다.

그러나 / 하지만

저는 노래를 좋아합니다. 그러나 노래를 잘 못합니다.
한국어 공부가 재미있습니다. 그러나 조금 어렵습니다.
어제 일찍 잠을 잤어요. 하지만 오늘 늦게 일어났어요.

그래서

아침에 밥을 안 먹었어요. 그래서 지금 배가 고파요.
내일은 친구 생일이에요. 그래서 선물을 준비했어요.
어제 아주 바빴습니다. 그래서 숙제를 못 했습니다.

그러면

가 : 머리가 아파요.
나 : 그러면 병원에 같이 가요.
가 : 잠을 자고 싶어요.
나 : 그럼, 쉬세요.

13과 내일 영화 보러 갈까요?

학습목표

| **대화** 영화
| **듣고 말하기** 이메일

| **듣기** 한국 노래
| **읽기** 피아노
| **쓰기** 스트레스

| **문법과 표현1** -(으)ㄹ까요? (1)
| **문법과 표현2** -(으)ㄹ까요? (2)
| **문법과 표현3** -(으)ㅂ시다

| **어휘+**
'ㄷ'불규칙

–(으)ㄹ까요? (1)

예문

소피아 : 우리 같이 등산하러 금정산에 갈까요?
동 우 : 오후에는 비가 올 거예요.
소피아 : 그러면 영화 보러 갈까요?
동 우 : 네. 좋아요.

안 나 : 민지 씨가 아직 안 왔네요.
기무라 : 제가 전화할까요?
안 나 : 네. 고마워요.

연습

• 대화를 완성하세요.

1. 가 : 우리 같이 사진을 ____________________
   나 : 네. 좋아요.
2. 가 : 저녁에 맥주 한 잔 ____________________
   나 : 네. 좋아요.
3. 가 : 점심 먹고 같이 ____________________
   나 : 저는 좀 피곤해요. 다음에 ____________________
4. 가 : 날씨가 더워요. 제가 ____________________
   나 : 네. 그래요.

말해 봅시다

단어장
잔
피곤하다

• 〈보기〉와 같이 그림을 보고 이야기하세요.

보기

가 : 오늘 날씨가 아주 좋아요. 우리 같이 산책할까요?
나 : 좋아요. 같이 산책해요.

1.

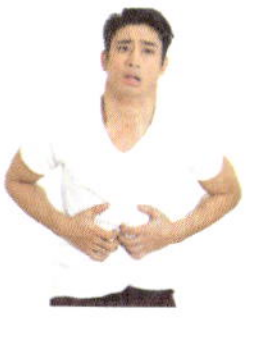

2.

3.

4.

−(으)ㄹ까요? (2)

예 문

기무라 : 왕붕 씨가 집에 있을까요?
송 영 : 아마 없을 거예요.
기무라 : 그럼 어디에 있을까요?
송 영 : 아마 커피숍에 친구 만나러 갔을 거예요.

연 습

• 대화를 완성하세요.

1. 가 : 비가 많이 와요. 내일도 ______
   나 : 아마 내일도 ______
2. 가 : 과일을 사고 싶어요. 어디가 ______
   나 : 시장이 ______
3. 가 : 저 사람은 어느 학교 ______
   나 : 아마 ______
4. 가 : 소피아 씨가 댄스 대회에서 ______
   나 : 네. 아마 1등을 했을 거예요.

말해 봅시다

• 〈보기〉와 같이 이야기하세요.

보 기

가 : 떡볶이가 매울까요?
나 : 아마 매울 거예요.
가 : 그러면 김밥을 먹을까요?
나 : 네. 좋아요. 같이 김밥 먹어요.

떡볶이 - 맵다	김밥
놀이 공원 - 사람이 많다	동물원
태권도 - 어렵다	요가

단어장

수료식
걱정하다
동물원

–(으)ㅂ시다

받침 ○	–읍시다	같이 점심을 먹읍시다.
받침 ×	–ㅂ시다	꾸언 씨도 도서관에 같이 갑시다.
ㄹ받침	–ㅂ시다	주말에 한국 음식을 만듭시다.

※ –지 맙시다

예 문

제임스 : 테니스 치러 갈까요?
안 나 : 비가 올 거예요. 테니스 말고 탁구 칩시다.

연 습

• 대화를 완성하세요.

1. 가 : 내일 자전거 타러 갈까요?
   나 : 아니요. 내일 말고 ______________________

2. 가 : 토요일이 민지 씨 생일이에요.
   나 : 그럼, 오늘 ______________________

3. 가 : 다음 달에 K-POP 콘서트를 보러 가고 싶어요.
   나 : 나도 가고 싶어요. ______________________

4. 가 : 너무 심심해요.
   나 : 그러면 ______________________

말해 봅시다

• 〈보기〉와 같이 이야기하세요.

보 기

가 : 시험이 끝났네요.
나 : 우리 뭐 할까요?
가 : 볼링 치러 갑시다.
나 : 좋아요. 저도 볼링을 치고 싶었어요.

시험이 끝나다	볼링을 치다
친구들이 한국에 오다	생선회를 먹다
오늘이 월급날이다	머리를 하다

단어장

테니스를 치다
탁구를 치다
콘서트
생선회
월급날
머리(를) 하다

49

왕 붕 : 내일 주말이에요. 같이 영화 보러 갈까요?

민 지 : 좋아요. 무슨 영화를 볼까요?

왕 붕 : 공포 영화는 어때요?

민 지 : 미안해요. 저는 공포 영화를 안 좋아해요.
공포 영화는 너무 무서워요.

왕 붕 : 그래요? 그럼, 코미디 영화는 어때요?

민 지 : 네. 좋아요. 그런데 주말에 영화표가 있을까요?

왕 붕 : 있을 거예요. 영화관 앞에서 오후 3시에 만납시다.

민 지 : 네. 좋아요. 내일 만나요.

단어장

시끄럽다

출구

이야기해 봅시다

영화	만나는 장소
공포 영화 - 너무 무섭다	영화관 앞
액션 영화 - 너무 시끄럽다	부산대 정문
가족 영화 - 너무 슬프다	장전역 3번 출구

13과 듣고 말하기 이메일

50

보낸사람	mmm3435@hanmail.net
제목	마이클이에요.

제임스에게

제임스 씨, 안녕하세요?
잘 지내고 있어요?
제임스 씨 한국 친구들도 잘 지내요?
한국 여행이 아직도 많이 생각나요.
특히 한국 요리 체험과 태권도가 가장 좋았어요.
그때 제임스 씨와 한국 친구들이 정말 고마웠어요.
그래서 선물을 보내고 싶어요.
우리 고향 과자가 좋을까요? 고향 꿀이 좋을까요?
그런데 제임스 씨는 언제 고향에 와요?
고향에 오면 우리 같이 낚시 한번 합시다.
그럼, 잘 있어요.

단어장

이메일
지내다
생각나다
특히
체험
가장
그때
과자
꿀

이야기해 봅시다

- 친구에게 이메일을 쓰세요. 그리고 친구들과 이야기하세요.

왕붕에게

왕붕 씨, 안녕하세요?
잘 지내고 있어요?

13과 듣기

• 다음을 보고 이야기하세요.

◉ 다음을 듣고 대답하세요. 51

1. 두 사람은 오늘 어디에 갈 거예요?

____

2. 같은 것을 고르세요. (　　)
   ① 소피아는 오늘 너무 바쁩니다.
   ② 두 사람은 오후에 만날 겁니다.
   ③ 기무라만 B-소년단 노래를 알고 있습니다.
   ④ 두 사람은 노래를 부르고 점심을 먹을 겁니다.

단어장
잘되다

이야기해 봅시다

• 여러분은 시간이 있으면 뭐 하고 싶어요? 이유가 뭐예요?

말하기 Tip

소피아 씨는 시간이 있으면 뭐 하고 싶어요?
왜요?

• 다음을 보고 이야기하세요.

◉ 다음을 읽고 대답하세요.

동우는 월요일과 수요일에 피아노를 배우러 피아노 학원에 갑니다. 동우는 지난 2월부터 피아노를 배웠습니다. 지금은 피아노를 잘 칩니다. 전에 동우는 스트레스를 받으면 계속 컴퓨터 게임을 했습니다. 그런데 컴퓨터 게임을 오래 하면 눈이 아프고 목도 아팠습니다. 그래서 컴퓨터 게임을 안 하고 피아노를 배웠습니다. 동우는 피아노를 치면 마음이 편합니다. 다음 달에는 피아노 학원에서 연주회를 할 겁니다. 그래서 동우는 열심히 연주회를 준비하고 있습니다.

1. 동우는 언제 피아노 학원에 가요?

---

2. 같은 것을 고르세요. (　　)
   ① 동우는 전에 피아노를 잘 쳤습니다.
   ② 동우는 요즘 자주 스트레스를 받습니다.
   ③ 동우는 다음 달에 연주회에 참가할 겁니다.
   ④ 동우는 컴퓨터 게임을 하면 머리가 아픕니다.

단어장

피아노를 치다
스트레스를 받다
오래
목
마음
편하다
연주회

13과 쓰기

◉ 여러분은 스트레스를 받으면 무엇을 해요? 다음을 모두 쓰세요.

① 보통 언제 스트레스를 받습니까?

② 스트레스를 받으면 무엇을 합니까?

③ 그것을 하면 기분이 어떻습니까?

'ㄷ'불규칙

음악을 듣다
→ 음악을 들어요.

집에서 공원까지 걷다
→ 집에서 공원까지 걸어요.

'ㄷ'받침 동사 + 모음 ⇒ ㄹ

동사 \ 문법	-아 / 어요	-(으)세요	-(으)ㄹ 거예요	-(으)ㄹ까요?
듣다	들어요	들으세요	들을 거예요	들을까요?
걷다				
묻다				

※ 주의

동사 \ 문법	-아 / 어요	-(으)세요	-(으)ㄹ 거예요	-(으)ㄹ까요?
닫다	닫아요	닫으세요	닫을 거예요	닫을까요?
받다				

14과 동생이 나보다 키가 커요.

학습목표

| 대화 마중
| 듣고 말하기 해운대

| 듣기 서울과 부산
| 읽기 시골과 도시
| 쓰기 살고 싶은 곳

| 문법과 표현1 보다 (더)
| 문법과 표현2 중에서 가장
| 문법과 표현3 -(으)ㄴ

| 어휘+
'ㅡ'탈락

보다 (더)

예문

민 지 : 동우 씨와 꾸언 씨 중에 누가 더 키가 커요?
동 우 : 제가 꾸언 씨보다 더 키가 커요.
하지만 농구는 꾸언 씨가 더 잘 해요.

연습

• 〈보기〉와 같이 그림을 보고 쓰세요.

〈보기〉 

가 : 봄을 좋아해요?
나 : 아니요. 봄보다 여름을 더 좋아해요.

1. 

가 : 떡볶이가 매워요?
나 : 아니요. ______________________

2. 

가 : 버스로 가면 빨라요?
나 : 아니요. ______________________

3. 

가 : 영어 공부가 어려웠어요?
나 : 아니요. ______________________

4. 

가 : 동우 씨가 수영을 잘해요?
나 : 아니요. ______________________

단어장
계절
봄

말해 봅시다

• 〈보기〉와 같이 이야기하세요.

보기

가 : 뭐가 더 많아요?
나 : 사과가 배보다 더 많아요.
배가 사과보다 적어요.

1.

제임스 (28세)

안나 (30세)

2.

3.

(걸어서 5분)

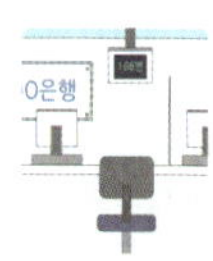

(걸어서 10분)

14과 문법과 표현 2

중에(서) 가장

예 문

왕 붕 : 민지 씨는 키가 크네요.
민 지 : 네. 그런데 우리 가족 중에서 제가 가장 키가 작아요.
왕 붕 : 민지 씨 가족들은 모두 키가 크네요.

※ 가장 = 제일

연 습

• 대화를 완성하세요.

1. 가 : 우리 반에서 누가 가장 힘이 세요?
   나 : 우리 반 학생 중에서 ____________________

2. 가 : 무슨 계절을 가장 좋아해요?
   나 : ____________________

3. 가 : 부산의 관광지 중에서 어디에 가장 가고 싶어요?
   나 : ____________________

4. 가 : 세계에서 무슨 산이 가장 높아요?
   나 : ____________________

말해 봅시다

• 〈보기〉와 같이 그림을 보고 이야기하세요.

보 기

가 : 과일 중에서 무슨 과일을 가장 좋아해요?
나 : 저는 과일 중에서 수박을 가장 좋아해요. 수박은 달고 시원해요.

1.

2.

3.

단어장

힘
세다
관광지
세계
높다
달다

-(으)ㄴ

받침 O	-은	작은 사과가 맛있어요.
받침 X	-ㄴ	여기에서 가장 큰 수박을 주세요.
ㄹ 받침	-ㄴ	이 강은 세계에서 가장 긴 강이에요.
있다 / 없다	-는	저녁에는 맛있는 음식을 먹고 싶어요. 어제 재미없는 영화를 보고 화가 났어요.

예 문

동 우 : 어떤 신발을 살 거예요?
송 영 : 가벼운 운동화를 살 거예요. 동우 씨는요?
동 우 : 저는 싸고 디자인이 예쁜 운동화를 살 거예요.

연 습

• 대화를 완성하세요.

1. 가 : 어떤 가방을 사고 싶어요?
   나 : 저는 짐이 많아요. 그래서 ______________________

2. 가 : 너무 더워요. 뭐 좀 마실까요?
   나 : 좋아요. ______________________

3. 가 : 고향은 어떤 곳이에요?
   나 : ______________________

4. 가 : 어떤 집에서 살고 싶어요?
   나 : ______________________

말해 봅시다

• 〈보기〉와 같이 이야기하세요.

보 기

가 : 어떤 사람을 만나고 싶어요?
나 : 저는 친절한 사람을 만나고 싶어요.
가 : 그러면 어떤 사람을 싫어해요?
나 : 저는 말이 많은 사람을 싫어해요.

사람	친절하다	말이 많다
음악	조용하다	시끄럽다
음식	맵다	짜다

단어장

강
화가 나다
어떤
디자인
짐
조용하다
짜다

52

왕 붕 : 민지 씨, 오늘 저녁에 시간이 있어요?

민 지 : 무슨 일이에요?

왕 붕 : 부탁이 하나 있어요. 오늘 동생이 중국에서 와요.
그런데 제가 공항에 마중을 못 나가요.

민 지 : 시간은 있어요. 하지만 나는 왕붕 씨 동생을 몰라요.

왕 붕 : 동생은 나와 많이 닮았어요.
그런데 나보다 키가 좀 커요.

민 지 : 그러면 사진을 주세요.

왕 붕 : 고마워요. 여기 사진 있어요.

민 지 : 와, 정말 많이 닮았네요.

단어장

마중을 나가다
부탁(하다)
닮다
버스 터미널

이야기해 봅시다

상황	장소	외모
동생 / 중국	공항	키가 좀 크다
누나 / 서울	부산역	머리가 길다
어머니 / 고향	버스 터미널	눈이 좀 작다

해운대

53

주말에 동생이 부산에 옵니다. 동생이 오면 같이 부산을 여행할 겁니다. 우리는 먼저 해운대에 갈 겁니다. 해운대는 한국에서 가장 큰 해수욕장입니다. 그리고 경치가 정말 아름다운 곳입니다. 동생과 멋진 사진을 많이 찍고 싶습니다. 해운대에는 맛있는 음식도 많습니다. 해운대에서 싱싱한 생선회를 먹을 겁니다. 동생과 즐거운 시간을 보내고 싶습니다.

단어장
해수욕장
경치
싱싱하다

이야기해 봅시다

- 여러분은 어디에 가고 싶어요? 그곳은 어떤 곳이에요? 친구들과 이야기하세요.

주말에 어머니가 부산에 옵니다.

14과 듣기

• 서울은 어때요? 부산은 어때요? 다음을 보고 이야기하세요.

◉ 다음을 듣고 대답하세요. 54

1. 안나 씨는 어디에 여행을 갔어요?

____

2. 같은 것을 고르세요. (　　)
   ① 부산은 서울보다 복잡합니다.
   ② 부산은 한국에서 가장 춥습니다.
   ③ 서울은 부산보다 물가가 비쌉니다.
   ④ 안나는 부산 여행을 하고 싶어 합니다.

단어장

이틀
복잡하다
도시
물가
연락하다

이야기해 봅시다

• 여러분 고향은 부산보다 어때요?

말하기 Tip

제임스 씨 나라에서 가장 큰 도시는 어디예요?
그곳은 어때요?
제임스 씨 고향은 어디예요?
고향은 부산보다 어때요?

14과 읽기

• 다음을 보고 이야기하세요.

◉ 다음을 읽고 대답하세요.

제 고향은 시골입니다. 시골에는 많은 시장이 있습니다. 시장의 물건은 싸고 좋습니다. 싱싱한 채소와 과일이 많습니다. 그리고 시골에는 사람과 차가 적습니다. 그래서 조용하고 공기도 깨끗합니다. 하지만 도시보다 교통이 불편합니다.

저는 지금 도시에서 살고 있습니다. 도시에는 백화점이 많습니다. 백화점에는 새로운 물건이 많고 다양합니다. 그리고 도시에는 지하철과 버스가 많습니다. 그래서 교통이 편리합니다. 하지만 사람과 차가 많습니다. 그래서 시골보다 시끄럽고 공기도 나쁩니다.

1. 무엇에 대해 이야기하고 있어요?

____

2. 다른 것을 고르세요. (　　)

① 저는 시골에서 도시에 왔습니다.
② 도시는 시골보다 공기가 좋습니다.
③ 도시는 시끄럽지만 교통이 편리합니다.
④ 시골의 시장에서는 싸고 싱싱한 과일을 팝니다.

단어장

시골
공기
불편하다
새롭다
나쁘다
팔다

14과 쓰기

◉ 여러분은 시골과 도시 중에서 어디에서 살고 싶어요? 다음을 모두 쓰세요.

① 시골과 도시 중 어디에서 살고 싶습니까?

② 왜 거기에서 살고 싶습니까?

'ㅡ' 탈락

요즘 너무 바빠요.

광안리는 야경이 아주 예뻐요.

'ㅡ' 동사/형용사 + -아/어 ⇒ 'ㅡ' 탈락

바쁘 + 아요 → 바빠요	어제 정말 바빴어요.
아프 + 아요 → 아파요	저는 공부를 하면 머리가 아파요.
나쁘 + 아요 → 나빠요	제 동생은 눈이 아주 나빠요.
고프 + 아요 → 고파요	저는 음식 사진을 보면 배가 고파요.

예쁘 + 어요 → 예뻐요	이 옷은 디자인이 예뻐요.
기쁘 + 어요 → 기뻐요	피아노 대회에서 상을 받고 기뻤어요.
쓰 + 어요 → 써요	동생에게 편지를 썼어요.
크 + 어요 → 커요	동생이 오빠보다 더 키가 커요.

15과 취미가 뭐예요?

학습목표

| **대화** 좋아하는 사람
| **듣고 말하기** 데이트

| **듣기** 음악 감상
| **읽기** 등산
| **쓰기** 취미

| **문법과 표현1** -(으)ㄹ 수 있다/없다
| **문법과 표현2** -는

| **어휘+**
악기

–(으)ㄹ 수 있다/없다

예문

동　우 : 기무라 씨는 술을 마실 수 있어요?
기무라 : 아니요. 못 마셔요. 술을 마시면 토해요.
동우 씨는 왜 술을 안 마셔요?
동　우 : 저는 오늘 차를 가져왔어요. 그래서 술을 마실 수 없어요.

연습

• 대화를 완성하세요.

1. 가 : 김치찌개를 ____________________
   나 : 네. 요리 학원에서 한식을 배웠어요.
2. 가 : 자전거를 ____________________
   나 : 네. 일곱 살 때부터 자전거를 탔어요.
3. 가 : 일본어로 ____________________
   나 : 네. 일본어를 오랫동안 공부했어요.
4. 가 : 기타를 ____________________
   나 : 아니요. 못 쳐요. 그런데 배우고 싶어요.

말해 봅시다

• 〈보기〉와 같이 그림을 보고 이야기하세요.

보기

가 : 서양 요리를 할 수 있어요?
나 : 네. 할 수 있어요. / 아니요. 못 해요.

1. 
2. 
3. 
4. 
5. 
6. 

단어장

토하다
김치찌개
한식
때
오랫동안
서양

-는

		과거	현재	미래
		-(으)ㄴ	-는	-(으)ㄹ
받침 O	먹다	먹은 음식	먹는 음식	먹을 음식
받침 X	마시다	마신 물	마시는 물	마실 물
ㄹ 받침	만들다	만든 음식	만드는 음식	만들 음식
ㄷ 받침	듣다	들은 노래	듣는 노래	들을 노래

※ -는 것

예 문

송 영 : 어제 먹은 음식이 맛있었어요.
민 지 : 그래요? 지금 먹는 음식은 어때요?
송 영 : 조금 매워요.
민 지 : 저녁에 먹을 음식은 안 매울 거예요.

연습 1

• 〈보기〉와 같이 쓰세요.

〈보기〉 지금 먹는 음식은 비빔밥입니다.

1. 지난주에 ＿＿＿＿＿＿ 영화는 아주 슬펐어요.
2. 어제 밤에 ＿＿＿＿＿＿ 노래는 '아리랑'이에요.
3. 지금 ＿＿＿＿＿ 책은 재미있어요.
4. 내가 가장 ＿＿＿＿＿＿ 사람은 어머니입니다.
5. 내일 결혼식에 ＿＿＿＿＿＿ 옷은 한복이에요.
6. 이 케이크는 크리스마스에 동생에게 ＿＿＿＿＿＿ 선물이에요.

단어장

결혼식

연습 2 • 대화를 완성하세요.

1. 가 : 가족 중에 담배를 피우는 사람은 누구예요?
   나 : 담배를 ________ 사람은 아버지예요.

2. 가 : 송영 씨, 어디에 가요?
   나 : 마트에 가요. ________ 것이 있어요.

3. 가 : 대학교 친구들이 모두 결혼했어요?
   나 : 아니요. 아직 ________ 친구가 없어요.

4. 가 : 매일 공원에서 ________ 사람이 누구예요?
   나 : 제 친구 민지예요.

5. 가 : 송영 씨, 모자가 참 멋있네요. 어디에서 샀어요?
   나 : 안 샀어요. 제가 ________ 모자예요.

6. 가 : 선생님, 내일 ________ 내용은 뭐예요?
   나 : 15과 듣기예요.

말해 봅시다

• 〈보기〉와 같이 대화를 하고 이야기하세요.

보 기

가 : 보통 아침 7시에 일어나요?
나 : 네. 7시에 일어나요.

① 보통 아침 7시에 일어나다	② 매일 운동을 하다	③ 피아노를 배우다
④ 요리를 좋아하다	⑤ 내년에도 한국에 있다	⑥ 고향에 돌아가다

우리 반 친구들을 소개합니다. 우리 반에는 부지런한 친구들이 많습니다. ①보통 아침 7시에 일어나는 사람은 ________ 입니다. 그리고 ②매일 ________________. 우리 반 친구는 취미도 다양합니다. ③피아노를 ________________. 그래서 피아노를 칠 수 있습니다. 그리고 ④요리를 ________________. 그래서 ______ 씨가 ______ 음식은 모두 맛있습니다. 우리 반 친구들 중에서 ⑤내년에도 한국에 ________________ (이)고 ⑥고향에 ________________.

단어장
- 담배를 피우다
- 내용
- 피아노
- 돌아가다
- 부지런하다
- 취미

대화 좋아하는 사람

55

민 지 : 제임스 씨, 여자 친구 있어요?
제임스 : 아니요. 없어요.
민 지 : 제임스 씨는 어떤 사람을 좋아해요?
제임스 : 저는 취미가 같은 사람이 좋아요.
민 지 : 제임스 씨는 취미가 뭐예요?
제임스 : 저는 요리하는 것을 좋아해요. 그래서 요리를 자주 해요.
민 지 : 한국 음식도 만들 수 있어요?
제임스 : 그럼요. 잡채도 만들 수 있어요.
민 지 : 제 친구 중에 요리를 좋아하는 친구가 있어요.
제임스 : 아, 그래요? 한번 만나고 싶네요.
민 지 : 그럼, 친구에게 물어볼까요?
제임스 : 정말요? 고마워요.

단어장
갈다
잡채
물어보다
감상하다
만화

이야기해 봅시다

취미	잘하는 것
요리하다	한국 음식을 만들다 / 잡채
음악을 듣다	한국 노래를 부르다 / 아리랑
그림을 감상하다	그림을 그리다 / 만화

15과 듣고 말하기 데이트

56

오늘은 민지 씨의 친구를 처음 만나는 날입니다. 우리가 만날 곳은 부산 시민 공원입니다. 나는 아침부터 같이 먹을 김밥을 준비했습니다. 그리고 어제 산 새 옷을 입고 민지 씨의 친구를 만나러 갈 겁니다. 빨리 만나고 싶습니다.

오늘 민지 씨가 소개한 제임스 씨를 만났습니다. 제임스 씨는 멋있고 재미있는 사람이었습니다. 우리는 제임스 씨가 만든 김밥을 먹었습니다. 아주 맛있었습니다. 우리가 만난 곳은 부산 시민 공원이었습니다. 예쁜 꽃이 많았습니다. 그래서 사진을 많이 찍었습니다. 오늘은 즐거운 하루였습니다.

이야기해 봅시다

- 오늘 새 친구를 만날 거예요. 무엇을 할 거예요? 친구들과 이야기하세요.

만날 사람	만날 곳	먹을 음식	할 일
마이클			

오늘은 마이클을 처음 만나는 날입니다.

단어장
데이트
새
빨리
멋있다
하루

15과 듣기

• 다음을 보고 이야기하세요.

◉ 다음을 듣고 대답하세요. 57

1. 꾸언과 소피아는 어떤 음악을 좋아해요?

꾸언	
소피아	

2. 같은 것을 고르세요. (　　)
   ① 꾸언은 마음이 편안한 음악이 좋습니다.
   ② 소피아는 아이돌보다 춤을 더 잘 춥니다.
   ③ 꾸언은 학교 축제에서 공연을 할 겁니다.
   ④ 소피아는 춤은 좋아하지만 음악은 안 좋아합니다.

단어장
편안하다
신나다
춤(을) 추다
아이돌
만큼
축제
공연하다

이야기해 봅시다

• 여러분이 좋아하는 음악은 뭐예요?

말하기 Tip

안나 씨는 어떤 음악을 좋아해요?
언제 그 음악을 들어요?
왜 그때 들어요?

15과 읽기

• 한국인이 좋아하는 취미입니다.

◉ 다음을 읽고 대답하세요.

제 취미는 등산입니다. 매주 일요일에 등산을 합니다. 지난주에는 친구들과 함께 금정산에 갔습니다. 금정산은 부산에서 유명한 산입니다. 저는 금정산에서 등산객들을 많이 만났습니다. 우리가 만난 등산객들은 모두 친절했습니다. (㉠) 금정산에서 꽃과 나무도 많이 봤습니다. 경치가 그림처럼 아름다웠습니다. (㉡) 예쁜 사진을 많이 찍었습니다. 덥고 힘들었지만 기분이 좋았습니다. 다음 주에는 동생과 같이 등산을 갈 겁니다. 우리가 갈 곳은 지리산입니다. 기대가 됩니다.

1. ㉠과 ㉡에 알맞은 말을 고르세요. (　　)

	㉠	㉡		㉠	㉡
①	그래서	그리고	②	하지만	그러나
③	그리고	그래서	④	그러나	하지만

2. 다른 것을 고르세요. (　　)

① 저는 등산하는 것을 좋아합니다.
② 금정산에는 예쁜 그림들이 많습니다.
③ 금정산에 가면 등산객들이 많습니다.
④ 저는 다음 주에 동생과 산에 갈 겁니다.

단어장

매주
유명하다
곳
등산객
처럼
기대가 되다

15과 쓰기

◉ 여러분은 취미가 뭐예요? 다음을 모두 쓰세요.

① 무엇을 하는 것을 좋아합니까?

② 왜 그것을 좋아합니까?

③ 언제, 어디에서 그것을 합니까?

악기

치다

피아노

기타

드럼

북

장구

불다

리코더

하모니카

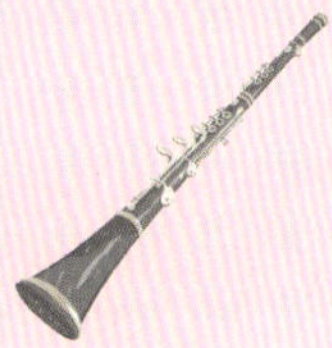
클라리넷

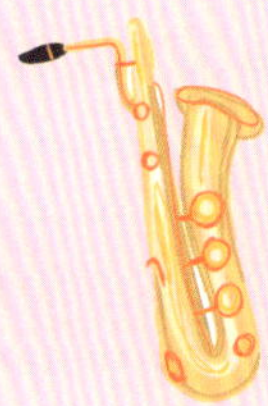
색소폰

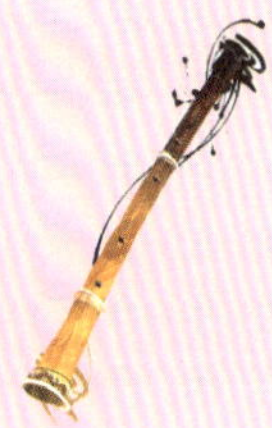
단소

켜다

바이올린

비올라

첼로

해금

16과 장구를 한번 배워 보세요.

학습목표

| 대화 장구
| 듣고 말하기 편지

| 듣기 한옥 체험
| 읽기 김치박물관
| 쓰기 편지

| 문법과 표현1 –아/어 보다 (1)
| 문법과 표현2 –아/어 보다 (2)
| 문법과 표현3 –(으)니까 (1)

| 어휘+
한국 전통 문화

-아/어 보다 (1)

예 문

동　우 : 제임스 씨, 부산에서 뭐 먹어 봤어요?
제임스 : 돼지국밥을 먹어 봤어요.
동　우 : 어땠어요?
제임스 : 아주 맛있었어요.

연 습

- 대화를 완성하세요.

1. 가 : 친구와 배낭여행을 ________________
   나 : 아니요. ________________
2. 가 : 서울에서 무엇을 ________________
   나 : ________________
3. 가 : 김치로 무엇을 ________________
   나 : ________________
4. 가 : 광안리에서 ________________
   나 : ________________

말해 봅시다

- 〈보기〉와 같이 그림을 보고 이야기하세요.

보 기

가 : 꾸언 씨, 프랑스에 가 봤어요?
나 : 아니요. 안 가 봤어요.
한번 가 보고 싶어요.

1.

2.

3.

단어장
돼지국밥
배낭여행

–아/어 보다 (2)

예 문

꾸 언 : 소피아 씨, 비빔밥 만들어 봤어요?
소피아 : 네. 만들어 봤어요. 왜요?
꾸 언 : 저도 만들어 보고 싶어요.
소피아 : 안 어려워요. 한번 만들어 보세요.

연 습

• 대화를 완성하세요.

1. 가 : 이 책이 정말 재미있어요. 한번 ______________________________
   나 : 네. 알겠어요.

2. 가 : 이 가게에서 무슨 신발이 가장 편해요?
   나 : 이 신발을 ______________________________

3. 가 : 너무 피곤해요. 어떻게 하면 좋을까요?
   나 : ______________________________

4. 가 : 오늘 고향 생각이 많이 나요.
   나 : ______________________________

말해 봅시다

• 〈보기〉와 같이 그림을 보고 이야기하세요.

보 기

가 : 건강에 좋은 차를 마시고 싶어요.
나 : 녹차를 마셔 봤어요?
가 : 아니요. 안 마셔 봤어요.
나 : 그럼, 녹차를 마셔 보세요. 녹차가 건강에 좋아요.

단어장

1.

2.

3.

–(으)니까 (1)

예 문

제임스 : 안나 씨, 일이 다 끝났으니까 밥 먹으러 갑시다.
안 나 : 네. 좋아요. 어디에 갈까요?
제임스 : 날씨가 많이 더우니까 냉면 먹을까요? 냉면 먹어 봤어요?
안 나 : 아직 안 먹어 봤어요.
제임스 : 그럼, 오늘 한번 먹어 보세요.

※ –(으)니까 + –(으)세요, –(으)ㅂ시다, –(으)ㄹ 거예요, –(으)ㄹ까요?, –(으)게요

연 습

• 대화를 완성하세요.

1. 가 : ______________________ 따뜻한 차를 마실까요?
   나 : 그럼, 레몬차를 마시러 가요.

2. 가 : 서울까지 어떻게 갈까요?
   나 : KTX가 ______________________ KTX를 탑시다.

3. 가 : ______________________ 조용히 하세요.
   나 : 네. 알겠어요.

4. 가 : 안나 씨와 같이 등산 갈까요?
   나 : 안나 씨는 어제 일을 많이 ______________ 피곤할 거예요.

말해 봅시다

단어장
냉면
레몬차
신혼여행

• 〈보기〉와 같이 이야기하세요.

보 기

가 : 내일 민지 씨 생일이네요.
나 : 그러면 선물을 준비할까요?
가 : 좋아요. 무슨 선물을 살까요?
나 : 민지 씨는 꽃을 좋아하니까 꽃다발을 삽시다.

민지 씨 생일이다	민지 씨는 꽃을 좋아하다
왕붕 씨가 이사를 하다	오늘은 날씨가 덥다
안나 씨 결혼식이다	신혼여행을 가다

16과 대화 장구

58

기무라 : 소피아 씨, 한국 전통 음악을 들어 봤어요?
소피아 : 네. 들어 봤어요. 그리고 장구도 배워 봤어요.
기무라 : 그래요? 그럼 장구를 잘 쳐요?
소피아 : 잠깐 배웠어요. 그래서 잘 못 쳐요.
기무라 : 장구는 어때요? 안 어려웠어요?
소피아 : 다른 악기보다 조금 어려웠지만 재미있었어요.
기무라 : 소피아 씨가 장구를 치면 멋있을 거예요.
소피아 : 고마워요. 기무라 씨도 한번 배워 보세요.
기무라 : 저는 장구 말고 가야금을 한번 배워 보고 싶어요.
소피아 : 국악원에 프로그램이 많으니까 찾아보세요.

이야기해 봅시다

경험	배운 것	배우고 싶은 것
한국 전통 음악을 듣다	장구	가야금
한국 전통 노래를 부르다	민요	판소리
한국 전통 춤을 추다	부채춤	탈춤

단어장
장구
전통
악기
가야금
국악원
프로그램
찾아보다
민요
판소리
부채춤
탈춤

59

어머니께

그동안 잘 지내셨어요?

저는 잘 지내고 있어요. 한국 생활은 정말 새롭고 재미있어요.

여기에서 친구도 많이 사귀고 한국 문화도 많이 배웠어요.

지난 주말에는 한국 친구와 함께 국악원에 갔어요. 국악원에서 가야금 연주를 들었어요.

그리고 우리도 가야금을 배워 봤어요. 조금 힘들었지만 재미있었어요.

다음에는 다른 악기도 배워 보고 싶어요.

어머니, 건강은 어떠세요? 날씨가 추우니까 감기 조심하세요.

안녕히 계세요.

1월 29일

부산에서 기무라 올림

이야기해 봅시다

- 부모님께 편지를 쓰세요. 친구들과 이야기하세요.

아버지께

그동안 잘 지내셨어요?

단어장

편지

사귀다

문화

연주

조심하다

16과 듣기

• 다음을 보고 이야기하세요.

◉ 다음을 듣고 대답하세요. 🎧 60

1. 민지 씨는 무슨 체험을 해 봤어요?

____

2. 같은 것을 고르세요. (　　)
   ① 전주에 가면 한옥 체험을 할 수 있습니다.
   ② 제임스는 전주에서 한복을 입어 봤습니다.
   ③ 민지와 제임스는 다음 달에 고향에 갑니다.
   ④ 제임스 친구는 한국 문화에 관심이 없습니다.

단어장
관심
한옥
전통차

이야기해 봅시다

• 한국에서 무슨 체험을 해 봤어요?

말하기 Tip

> 왕붕 씨, 한국에서 무슨 체험을 해 봤어요?
> 어땠어요?
> 다음에는 무슨 체험을 하고 싶어요?

16과 읽기

• 다음을 보고 이야기하세요.

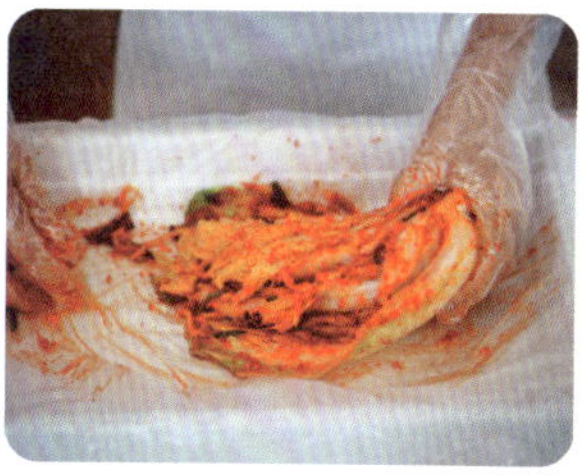

⦿ 다음을 읽고 대답하세요.

지난주에 저는 친구와 인사동에 갔습니다. 인사동에는 한국의 전통 물건이 많이 있습니다. (㉠) 외국인들도 많이 가는 곳입니다. 인사동에 김치박물관이 있습니다. 우리는 김치박물관에 가 봤습니다. 김치박물관에서 우리는 김치 담그는 것을 배웠습니다. 그리고 우리가 담근 김치를 먹어 봤습니다. 제가 담근 김치는 맛있었지만 조금 매웠습니다. 저는 매운 음식을 좋아합니다. (㉡) 친구는 매운 음식을 못 먹습니다. 그래서 친구가 만든 김치는 안 맵고 조금 달았습니다. 김치를 담그는 것은 정말 새롭고 즐거운 경험이었습니다.

단어장
외국인
박물관
김치를 담그다
경험

1. ㉠과 ㉡에 맞는 것을 고르세요. (　　)

	㉠	㉡
①	그래서	하지만
②	그래서	그리고
③	그러나	그리고
④	하지만	그런데

2. 같은 것을 고르세요. (　　)
① 저는 지난주에 인사동에 혼자 갔습니다.
② 인사동에 가면 외국인을 볼 수 없습니다.
③ 저는 친구가 담근 김치를 안 먹어 봤습니다.
④ 인사동에서 김치 담그는 것을 배울 수 있습니다.

16과 쓰기

◉ 부모님께 편지를 써 보세요. 다음을 모두 쓰세요.

① 한국 날씨
② 한국어 수업
③ 한국에서의 경험 (음식, 친구, 여행……)

받는 사람	______________께
첫인사	
하고 싶은 말	
끝인사	
날짜	년 월 일
보내는 사람	__________ 올림

한국 전통 문화

사물놀이

가야금

부채춤

판소리

탈

탈춤

17과 전주에 가 본 적이 있어요?

학습목표

| 대화 전주 여행
| 듣고 말하기 전주 여행기

| 듣기 안동 여행 계획
| 읽기 템플스테이
| 쓰기 여행기

| 문법과 표현1 -(으)ㄴ 적이 있다/없다
| 문법과 표현2 -(으)ㄹ게요

-(으)ㄴ 적이 있다/없다

예문

동 우 : 이 노래 들어 봤어요?
소피아 : 아니요. 들은 적이 없어요.
동 우 : 그래요? 한국에서 유명한 노래예요.
소피아 : 노래가 정말 좋네요.

※ -아/어 본 적이 있다/없다

연습

● 대화를 완성하세요.

1. 가 : 강아지를 ______________________________
   나 : 아니요. 안 키워 봤어요. 키워 보고 싶어요.

2. 가 : 자갈치 시장에서 ______________________________
   나 : 아니요. 아직 못 먹어 봤어요.

3. 가 : 한국에서 ______________________________
   나 : 아니요. 아직 없어요.

4. 가 : 토픽 시험을 ______________________________
   나 : ______________________________

말해 봅시다

● 〈보기〉와 같이 이야기하세요.

보기

며칠 전에 교통사고가 난 적이 있어요. 큰 사고는 아니었지만 목과 허리를 조금 다쳤어요. 다음부터는 정말 조심할 거예요.

교통사고가 나다	큰 사고가 아니다	목과 허리를 조금 다치다
지각을 하다	많이 안 늦다	시험을 못 치다
지갑을 잃어버리다	지갑을 찾다	신분증과 돈이 없다

단어장

강아지
키우다
교통사고가 나다
허리
지갑
잃어버리다
찾다
신분증

17과 문법과 표현 2

-(으)ㄹ게요

예 문

꾸 언 : 송영 씨, 또 지각이에요?
송 영 : 미안해요. 꾸언 씨, 많이 기다렸어요?
꾸 언 : 30분 기다렸어요. 좀 일찍 올 수 없어요?
송 영 : 다음부터는 집에서 일찍 출발할게요.

연 습

- 대화를 완성하세요.

1. 가 : 오늘 또 숙제를 안 했어요?
   나 : 죄송합니다. ______________________________

2. 가 : 여기에서 담배를 피우지 마세요.
   나 : ______________________________

3. 가 : 다음 달에 우리 B-소년단 콘서트에 갈까요?
   나 : 좋아요. 같이 갑시다. 제가 표를 ______________________________

4. 가 : 주말이니까 같이 청소를 합시다.
   나 : 네. 그럼, 제가 ______________________________

말해 봅시다

- 〈보기〉와 같이 그림을 보고 이야기하세요.

보 기

가 : 소피아 씨, 수업 시간에 영어로 말하지 마세요.
나 : 네. 한국어로 말할게요.

1.

2.

3.

4.

단어장

죄송하다

17과 대화 전주 여행

61

안　나 : 제임스 씨는 전주에 가 본 적이 있어요?
제임스 : 네. 지난달에 다녀왔어요.
안　나 : 전주는 어땠어요?
제임스 : 아주 아름다운 도시였어요. 특히 한옥 마을이 아주 멋졌어요.
안　나 : 전주는 뭐가 유명해요?
제임스 : 비빔밥이 유명해요. 비빔밥은 전주의 대표 음식이에요.
안　나 : 전주에서 뭐 했어요?
제임스 : 한복을 입고 한옥 마을에서 사진을 찍었어요.
그리고 맛있는 길거리 음식도 먹었어요.
안　나 : 와, 저도 한번 가 보고 싶네요.
제임스 : 휴가 때 가 보세요.
안　나 : 네. 가족들과 한번 가 볼게요.

단어장
다녀오다
마을
대표
길거리 음식
오래되다
절

이야기해 봅시다

여행지	멋진 것	유명한 것
전주	한옥 마을	비빔밥 / 전주의 대표 음식이다
경주	석굴암	불국사 / 오래된 절이다
제주도	올레길	한라산 / 높은 산이다

듣고 말하기 전주 여행기

62

저는 전주에 가 본 적이 있습니다. 지난 휴가 때 가족들과 갔습니다. 전주에는 한복을 입은 사람들이 많았습니다. 우리도 한복을 입고 한옥 마을을 구경했습니다. 그리고 예쁜 사진도 많이 찍었습니다. 특이한 길거리 음식도 먹어 봤습니다. 저녁에는 전주의 대표 음식인 비빔밥을 먹었습니다. 지금까지 먹은 비빔밥 중에서 가장 맛있었습니다. 우리는 한옥에서 잠을 잤습니다. 방이 아주 따뜻했습니다. 그리고 분위기도 좋았습니다. 우리는 전주에서 정말 즐거운 시간을 보냈습니다.

이야기해 봅시다

- 여러분의 가족 여행 경험을 쓰세요. 친구들과 이야기하세요.

저는 ___________에 가 본 적이 있습니다.

단어장

여행기
특이하다
분위기
시간을 보내다

• 다음을 보고 이야기하세요.

◉ 다음을 듣고 대답하세요. 63

1. 안동에 가면 무슨 음식을 먹을 수 있어요?

____

2. 같은 것을 고르세요. (　　)

① 동우는 안동에 간 적이 없습니다.
② 송영은 안동 여행을 준비하고 있습니다.
③ 송영은 하회 마을을 들어 본 적이 있습니다.
④ 하회 마을은 안동에서 새로 만든 마을입니다.

단어장
지도
찜닭
새로

이야기해 봅시다

• 여러분은 친구들 나라에 여행을 갈 거예요. 친구들과 이야기하세요.

말하기 Tip

꾸언 씨, 베트남은 어디가 유명해요?
꾸언 씨도 가 본 적이 있어요?
그곳은 어때요?
무슨 음식이 유명해요?

17과 읽기

• 다음을 보고 이야기하세요.

◉ 다음을 읽고 대답하세요.

저는 부산에서 템플스테이를 한 적이 있습니다. 지난 방학에 친구와 처음 범어사에서 템플스테이를 해 봤습니다. 범어사는 한국에서 아주 유명한 절입니다. (㉠) 템플스테이를 하는 외국인들이 아주 많았습니다. 우리는 먼저 스님을 만났습니다. 스님과 함께 범어사를 산책했습니다. 좋은 말씀도 들었습니다. 그리고 저녁에는 맛있는 절 음식도 먹었습니다. 다음 날 아침에 우리는 108배를 했습니다. 너무 힘들었습니다. (㉡) 기분은 좋았습니다. 템플스테이는 즐거운 경험이었습니다. 다음에 기회가 있으면 다른 절에서도 템플스테이를 한번 해 보고 싶습니다.

1. ㉠과 ㉡에 맞는 것을 고르세요. (　　)

	㉠	㉡
①	그래서	하지만
②	그래서	그리고
③	그런데	그리고
④	하지만	그런데

2. 같은 것을 고르세요. (　　)

① 저는 범어사에 혼자 갔습니다.
② 108배를 하고 저녁을 먹었습니다.
③ 스님은 우리에게 좋은 말씀을 하셨습니다.
④ 저는 한국에서 템플스테이를 여러 번 해 봤습니다.

단어장

- 템플스테이
- 스님
- 말씀
- 108배
- 기회
- 혼자
- 여러 번

17과 쓰기

◉ 여러분은 여행을 가 본 적이 있어요? 다음을 모두 쓰세요.

① 어디에 가 본 적이 있습니까?
② 언제 가 봤습니까?
③ 무엇을 해 봤습니까?
④ 무엇을 먹어 봤습니까?
⑤ 어땠어요?

18과 한번 입어 봐도 돼요?

학습목표

| 대화 옷가게
| 듣고 말하기 친구 집에서의 실수

| 듣기 지하철에서의 실수
| 읽기 규칙
| 쓰기 실수

| 문법과 표현1 -아/어도 되다
| 문법과 표현2 -(으)면 안 되다

-아/어도 되다

예 문

왕 붕 : 선생님, 내일 시험에 연필로 써도 돼요?
선생님 : 쓰기 시험은 연필로 써도 돼요.
왕 붕 : 다른 시험은요?
선생님 : 다른 시험은 볼펜으로 쓰세요.

연 습

• 대화를 완성하세요.

1. 가 : 수업 시간에 화장실에 ____________________
   나 : 네. 그러세요.

2. 가 : 오늘 밤에 ____________________
   나 : 네. 9시 전에는 전화 통화할 수 있어요.

3. 가 : 내일 금정산에 등산을 가요. 그런데 등산화가 없어요.
   나 : 등산화가 없으면 ____________________

4. 가 : 여기에 주차해도 돼요?
   나 : 네. ____________________

말해 봅시다

• 〈보기〉와 같이 이야기하세요.

보 기

가 : 너무 더워요. 창문을 열어도 돼요?
나 : 아니요. 공기가 나쁘니까 에어컨을 켜세요.

날씨가 덥다	창문을 열다	공기가 나쁘다 / 에어컨을 켜다
다리가 아프다	여기에 앉다	노약자석이다 / 다른 자리에 앉다
모자가 예쁘다	모자를 써 보다	흰색이다 / 다른 색 모자를 써 보다

단어장
화장실
등산화
주차하다
에어컨
켜다
노약자석
자리
모자를 쓰다
흰색

18과 문법과 표현 2

-(으)면 안 되다

예 문

소피아 : 피아노를 쳐도 돼요?
동 우 : 지금 밤 10시예요. 피아노를 치면 안 돼요.

연 습

• 대화를 완성하세요.

1. 가 : 해운대에서 수영을 하고 싶어요.
   나 : 지금은 12월이에요. 겨울에는 ____________________

2. 가 : 술을 좀 살까요?
   나 : 우리는 고등학생이니까 술을 ____________________

3. 가 : 의사 선생님, 오늘 샤워해도 돼요?
   나 : 안 돼요. 주사를 맞았으니까 오늘은 ____________________

4. 가 : 여기에서 담배를 ____________________
   나 : 죄송합니다. 몰랐어요.

말해 봅시다

• 〈보기〉와 같이 이야기하세요.

보 기

가 : 여기에서 자전거를 타도 돼요?
나 : 아니요, 자전거를 타면 안 돼요.
가 : 왜요?
나 : 이곳은 사람들이 산책하는 길이에요.

1.

2.

3.

단어장
샤워하다
주사를 맞다

18과 대화 옷가게

64

점 원 : 어서 오세요.
기무라 : 겨울 스웨터 있어요?
점 원 : 이건 어때요? 색깔이 밝으니까 손님에게 잘 어울릴 거예요.
기무라 : 디자인은 좋지만 색이 마음에 안 들어요. 흰색은 없어요?
점 원 : 여기 있어요.
기무라 : 한번 입어 봐도 돼요?
점 원 : 죄송합니다. 흰색은 입어 볼 수 없어요.
기무라 : 그럼, 노란색은 입어 봐도 돼요?
점 원 : 네. 입어 보세요.

〈옷을 입고〉

점 원 : 어떠세요?
기무라 : 사이즈는 잘 맞네요.
점 원 : 이걸 드릴까요?
기무라 : 아니요. 같은 사이즈 흰색 스웨터 주세요.

단어장

스웨터
색깔
밝다
마음에 들다
노란색
사이즈
맞다
(장갑을) 끼다

이야기해 봅시다

사고 싶은 것	허락
겨울 스웨터	입다
장갑	끼다
모자	쓰다

듣고 말하기 친구 집에서의 실수

65

저는 제임스입니다. 한국에 3개월 전에 왔습니다. 한국 생활이 즐겁습니다. 하지만 한국과 우리나라는 문화가 다릅니다. 그래서 가끔 실수를 합니다.

저는 어제 한국 친구 집에 처음 초대를 받았습니다. 아주 기뻤습니다. 그런데 친구 집에서 실수를 했습니다. 신발을 안 벗고 집 안에 들어갔습니다. 친구와 친구 가족들이 깜짝 놀랐습니다. 한국에서는 집에 신발을 신고 들어가면 안 됩니다. 저는 그것을 몰랐습니다. 너무 부끄러웠습니다. 그리고 너무 미안했습니다. 다음에는 꼭 조심할 겁니다.

이야기해 봅시다

- 여러분은 무슨 실수를 한 적이 있어요? 친구들과 이야기하세요.

저는 __________입니다. 한국에 3개월 전에 왔습니다.

단어장

실수(를) 하다
다르다
가끔
기쁘다
벗다
들어가다
깜짝 놀라다
부끄럽다
미안하다

• 다음을 보고 이야기하세요.

◉ 다음을 듣고 대답하세요. 66

1. 두 사람은 어디에 가고 있어요?

____

2. 다른 것을 고르세요. (　　)

① 여자는 노인들이 앉는 자리에 앉았습니다.
② 두 사람은 지하철로 금정산 입구까지 갑니다.
③ 한국 지하철에는 임신부가 앉는 자리가 있습니다.
④ 남자는 예전에 지하철에서 실수를 한 적이 있습니다.

단어장

입구
길이 막히다
들어오다
노인
임신하다
여성
예전
임신부

이야기해 봅시다

• 여러분 나라에서는 어디에서 무엇을 하면 안 돼요? 이유가 뭐예요?

말하기 Tip

> 소피아 씨 나라에서는 지하철에서 무엇을 하면 안 돼요?
> 공원에서 무엇을 하면 안 돼요?
> 교실에서 무엇을 하면 안 돼요?

18과 읽기

• 여러분은 산과 강에 자주 가요? 무엇을 해요?

◉ 다음을 읽고 대답하세요.

한국에는 아름다운 산과 강이 있습니다. 사람들은 산과 강에 여행을 자주 갑니다.

한국 사람들은 산을 좋아합니다. 그래서 주말에 등산하는 사람들이 많습니다. 산에서 좋은 공기도 마시고 아름다운 경치도 구경합니다. 그런데 산에서는 불을 사용하면 위험합니다. 그래서 음식을 만들면 안 됩니다. 담배도 피우면 안 됩니다.

한국 사람들은 여름이 되면 강에 놀러 갑니다. 강에서 수영도 하고 낚시도 합니다. 그런데 깊은 강에서는 수영을 하면 안 됩니다. 그리고 비가 많이 오는 날에는 낚시를 하면 위험합니다.

규칙을 잘 지키면 안전하고 즐거운 여행을 할 수 있습니다.

1. 한국 사람들은 어디로 자주 여행을 가요?

____

2. 다른 것을 고르세요. (　　)
① 산에서 음식을 만들면 위험합니다.
② 한국 사람들은 주말에 등산하러 갑니다.
③ 한국에서는 강에서 수영을 할 수 없습니다.
④ 산과 강에서 규칙을 잘 지키면 안전합니다.

단어장
불
사용하다
위험하다
되다
깊다
규칙을 지키다
안전하다

18과 쓰기

◉ 여러분 나라에서는 어디에 여행을 자주 가요? 다음을 모두 쓰세요.

① 어디에 자주 여행을 갑니까? (산, 강, 바다, 호수 …….)
② 그곳에서 무엇을 합니까?
③ 그곳에서 무엇을 하면 안 됩니까?
④ 왜 안 됩니까?

직 업 직업이 뭐예요?

물건 이게 뭐예요?

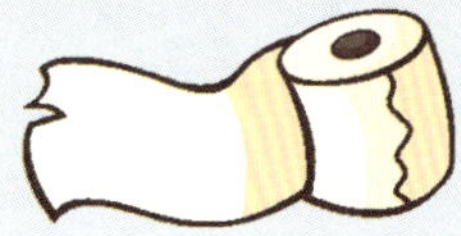
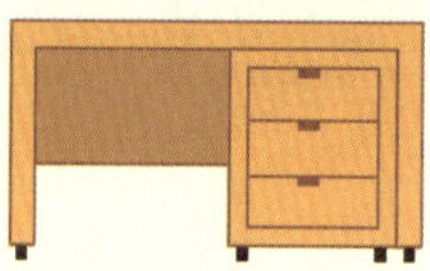

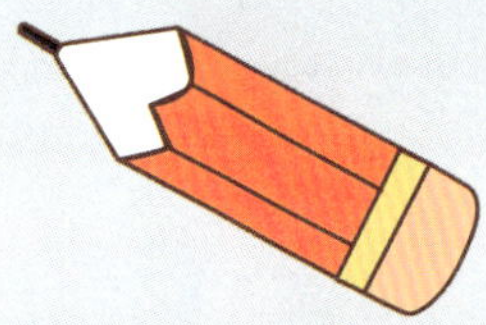

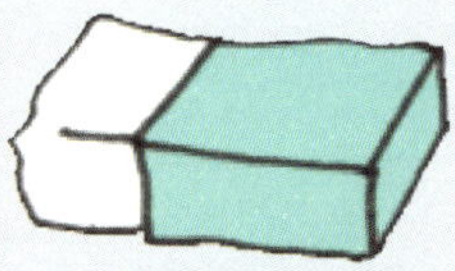

형용사 어때요?

동사 뭐 해요?

장 소 어디에 가요?

단위명사 몇 개예요?

[ㄱ]

[ㄴ]

[ㅇ]

[ㅈ]

[ㅊ]

1 과

듣기 1. 미카-일본사람-요리사
꾸언-베트남 사람-학생
제임스-캐나다 사람-회사원

읽기 1. 프랑스 사람입니다.
2. ① × ② ○ ③ ○ ④ ×

2 과

듣기 1. ① ○ ② × ③ ○ ④ × ⑤ ○

읽기 1. 기무라 씨 방이에요.
2. ① ○ ② × ③ × ④ ○ ⑤ ×

3 과

듣기 1. ① ○ ② × ③ × ④ ○ ⑤ ○ ⑥ ×

읽기 1. 부산입니다.
2. ④

4 과

듣기 1. ① × ② × ③ × ④ ○

읽기 1. 회사원이에요.
2. ②

5 과

듣기 1. 창문, 책상, 침대, 텔레비전, 시계, 컴퓨터, 책, 쓰레기통이 있어요.
2. ① × ② ○ ③ ○ ④ ×

읽기 1. 3층에 있어요.
2. ① ○ ② × ③ ○ ④ ×

6 과

듣기 1. 이사를 했어요.
2. ①

읽기 1. 집에서 청소를 했어요.
2. ③

7 과

듣기 1. 운동하러 가요.
2. ①

읽기 1. 체육관에 갔어요.
2. ④

8 과

듣기 1. 이번 주 금요일부터 다음 주 수요일까지예요.
2. ④

읽기 1.

	이번 주말	다음 날
어디에 갔어요?	고향	바다
어떻게 갔어요?	비행기	자동차
얼마나 걸렸어요?	5시간	40분

2. ③

9 과

듣기 1. 키가 크고 잘생겼어요.
2. ④

읽기 1. 영어 선생님
2. ①

10 과

듣기 1. ④
2. ②

읽기 1. 품질이 좋고 다양해요.
2. ②

11 과

듣기 1. 상장과 노트북을 받았어요.
2. ②

읽기 1. 크리스마스예요.
2. ②

12 과

듣기 1.

기무라	축구를 할 거예요.
민지	집에서 쉴 거예요.

2. ④

읽기 1. ㉠ 그래서, ㉡ 그리고, ㉢ 하지만

2. ③

13 과

듣기 1. 노래방에 갈 거예요.

2. ②

읽기 1. 월요일과 수요일에 가요.

2. ③

14 과

듣기 1. 서울에 여행을 갔어요.

2. ③

읽기 1. 시골과 도시

2. ②

15 과

듣기 1.

꾸언	조용한 음악을 좋아해요.
소피아	K-POP을 좋아해요.

2. ①

읽기 1. ③

2. ②

16 과

듣기 1. 한옥 체험을 해 봤어요.

2. ①

읽기 1. ①

2. ④

17 과

듣기 1. 찜닭을 먹을 수 있어요.

2. ②

읽기 1. ①

2. ③

18 과

듣기 1. 금정산에 가고 있어요.

2. ①

읽기 1. 산과 강으로 자주 여행을 가요.

2. ③

42p 1과 안녕하세요?

듣기 15

1. 가 : 미카 씨는 일본 사람입니까?
   나 : 네. 일본 사람입니다.
   가 : 요리사입니까?
   나 : 네. 요리사입니다.
2. 가 : 꾸언 씨는 베트남 사람입니까?
   나 : 네. 베트남 사람입니다.
   가 : 선생님입니까?
   나 : 아니요. 선생님이 아닙니다. 학생입니다.
3. 가 : 제임스 씨는 미국 사람입니까?
   나 : 아니요. 캐나다 사람입니다.
   가 : 축구 선수입니까?
   나 : 아니요. 회사원입니다.

52p 2과 이게 뭐예요?

듣기 18

송영 : 동우 씨, 이게 뭐예요?
동우 : 휴지예요.
송영 : 저게 비누예요?
동우 : 아니요. 비누가 아니에요. 샴푸예요.
송영 : 컵이 있어요?
동우 : 네. 있어요.
송영 : 거울이 있어요?
동우 : 아니요. 없어요.

62p 3과 한국 생활이 어때요?

듣기 21

여기는 제 방입니다. 방이 큽니다. 창문이 큽니다. 침대가 있습니다. 침대가 안 큽니다. 작습니다. 그리고 책상이 있습니다. 책이 안 많습니다. 적습니다. 그리고 꽃이 있습니다. 아주 예쁩니다.

72p 4과 뭐 해요?

듣기 24

민지 : 여보세요? 꾸언 씨, 지금 뭐 하고 있어요?
꾸언 : 요리를 하고 있어요.
민지 : 무슨 음식을 만들고 있어요?
꾸언 : 떡볶이를 만들고 있어요. 민지 씨는 뭐 해요?
민지 : 저는 음악을 듣고 있어요.
꾸언 : 무슨 음악을 들어요?
민지 : 영화 음악을 듣고 있어요.

82p 5과 책이 어디에 있어요?

듣기 27

저는 지금 방 안에 있어요. 제 방은 넓어요. 창문 앞에 책상이 있어요. 책상 옆에 침대가 있어요. 침대 앞에 텔레비전이 있어요. 텔레비전 위에 시계가 있어요. 책상 위에 컴퓨터가 있어요. 그리고 책도 있어요. 책상 밑에 쓰레기통이 있어요.

92p 6과 어제 해운대에 갔어요.

듣기 30

왕 붕 : 소피아 씨, 지금 뭐 해요?
소피아 : 숙제를 해요.
왕 붕 : 어제 숙제를 안 했어요?
소피아 : 네. 못 했어요.
어제 이사를 했어요. 그래서 바빴어요.
왕붕 씨는 어제 뭐 했어요?
왕 붕 : 저는 어제 도서관에 갔어요.
도서관에서 숙제를 했어요. 그리고 책을 읽었어요.

102p 7과 언니를 만나러 서울에 가요.

듣기 33

꾸언 : 송영 씨, 어디에 가요?
송영 : 운동하러 가요.
꾸언 : 무슨 운동을 해요?
송영 : 요즘 태권도를 배우고 있어요.
꾸언 : 재미있어요?
송영 : 네. 그런데 조금 힘들어요.
꾸언 씨는 운동을 좋아해요?
꾸언 : 아니요. 저는 운동을 싫어해요.
요리를 좋아해요. 그래서 요리를 배우고 싶어요.

112p 8과 학교에 지하철로 가요.

듣기 36

민 지 : 제임스 씨, 휴가가 언제예요?
제임스 : 이번 주 금요일부터 다음 주 수요일까지예요.
민 지 : 어디에 가요?
제임스 : 이번 주 토요일에 제주도에 가요.
민 지 : 제주도에 비행기로 가요?
제임스 : 비행기 표를 못 샀어요. 그래서 배로 가요.
민 지 : 부산에서 제주도까지 배로 얼마나 걸려요?
제임스 : 12시간 정도 걸려요.
민 지 : 그래요? 여행 준비를 다 했어요?
제임스 : 아니요. 아직 못 했어요.
민 지 : 그럼, 여행 준비 잘 하세요.

122p 9과 이 사람은 내 동생이에요.

듣기 39

동우 : 민지 씨, 언니가 결혼해요?
민지 : 네. 이번 주 일요일에 결혼해요.
동우 : 언니의 남편은 어때요?
민지 : 키가 크고 잘생겼어요. 그리고 친절해요.
동우 : 직업은 뭐예요?
민지 : 병원에서 일해요. 의사예요.
동우 : 언니는 결혼하고 어디에 여행을 가요?
민지 : 일주일 동안 유럽 여행을 해요.
동우 : 와!

132p 10과 사과 한 개에 얼마예요?

듣기 42

주 인 : 어서 오세요.
기무라 : 파란색 운동화 있어요?
주 인 : 네. 있어요. 잠깐만 기다리세요.

주 인 : 이거 어때요?
기무라 : 음. 좋아요
주 인 : 몇 mm 신어요?
기무라 : 280mm 신어요.
주 인 : 이 운동화가 280mm예요.
어때요?
기무라 : 좀 커요.
주 인 : 크면 280mm 말고 275mm 신으세요.
기무라 : 네. 그 신발 주세요.
얼마예요?
주 인 : 75,000원이에요.
기무라 : 네. 여기 있습니다.
주 인 : 거스름돈 5,000원입니다.
감사합니다.

142p 11과 민지 씨에게 무슨 선물을 줬어요?

듣기 45

송영 : 동우 씨, 태권도 대회에서 1등 했네요. 축하해요.
동우 : 고마워요.
송영 : 태권도 대회에 몇 명 정도 참가했어요?
동우 : 100명 정도 참가했어요.
송영 : 와, 대단하네요. 1등을 하면 뭐 받아요?
동우 : 상장과 노트북을 받아요. 이 노트북이에요.
송영 : 멋지네요. 부모님도 오셨어요?
동우 : 네. 오셨어요. 정말 좋아하셨어요.
송영 : 다음 대회에는 저도 보러 가고 싶네요.

152p 12과 내일 휴대폰을 살 거예요.

듣기 48

민 지 : 기무라 씨, 오늘 오후에 뭐 할 거예요?
기무라 : 친구와 축구하러 갈 거예요.
민 지 : 축구요?
기무라 : 학교 운동장에서 친구들과 축구를 할 거예요.
민 지 : 오늘 날씨가 너무 더워요. 밖에서 운동하면 힘들 거예요.
기무라 : 괜찮아요. 민지 씨는 오늘 오후에 뭐 해요?
민 지 : 별일 없어요.
기무라 : 그럼, 축구 보러 오세요.
민 지 : 미안해요. 저는 오늘 집에서 쉬고 싶네요. 머리가 좀 아파요.

162p 13과 내일 영화 보러 갈까요?

듣기 51

기무라 : 소피아 씨, 오늘도 바빠요?
소피아 : 아니요. 안 바빠요. 시험이 끝났어요.
기무라 : 그래요? 그럼 우리 노래 부르러 갈까요?
소피아 : 네. 좋아요. 기무라 씨는 무슨 노래를 좋아해요?
기무라 : 저는 요즘 B-소년단 노래를 자주 들어요.
소피아 : 저도 B-소년단 노래를 좋아해요.

기무라 : 잘됐네요. 같이 부르면 재미있을 거예요.
언제 시간이 있어요?
소피아 : 오늘 오후에 시간이 있어요.
기무라 : 점심 먹고 노래방에 갈까요?
소피아 : 네. 그래요.

172p 14과 동생이 나보다 키가 커요.

듣기 54

마크 : 안나 씨, 언제 서울에 왔어요?
안나 : 이틀 전에 왔어요.
마크 : 서울 여행은 어땠어요?
안나 : 서울은 부산보다 추웠어요. 그리고 사람도 많고 복잡했어요.
마크 : 서울은 한국에서 가장 큰 도시예요. 그래서 사람이 많아요.
부산은 어때요?
안나 : 부산은 서울보다 물가가 싸고 날씨가 따뜻해요.
마크 : 시간이 있으면 저도 부산 여행을 하고 싶네요.
안나 : 부산에 오면 연락하세요.

182p 15과 취미가 뭐예요?

듣기 57

소피아 : 꾸언 씨는 시간이 있으면 뭐 해요?
꾸 언 : 저는 음악을 듣는 것을 좋아해요.
소피아 : 어떤 음악을 좋아해요?
꾸 언 : 저는 조용한 음악을 좋아해요. 조용한 음악을 들으면 마음이 편안해요. 소피아 씨는요?
소피아 : 저는 k-pop을 좋아해요. 신나는 k-pop 음악을 자주 들어요.
꾸 언 : 그러면 k-pop 댄스도 출 수 있어요?
소피아 : 그럼요. 아이돌만큼 잘 춰요.
꾸 언 : 소피아 씨가 춤추는 것을 보고 싶네요.
소피아 : 다음 달 학교 축제에서 공연해요. 보러 오세요.
꾸 언 : 네. 알겠어요.

192p 16과 장구를 한번 배워 보세요.

듣기 60

제임스 : 한국에서 무슨 체험을 하면 좋을까요?
민 지 : 할 수 있는 체험이 많아요. 근데 왜요?
제임스 : 다음 달에 제 고향 친구가 한국에 와요.
제 친구는 한국 문화에 관심이 많아요.
민 지 : 그러면 한옥 체험을 해 보세요.
제임스 : 민지 씨는 한옥 체험을 해 봤어요?
민 지 : 네. 전주에서 체험해 봤어요.
제임스 : 뭐 해 봤어요?
민 지 : 한복도 입어 보고 전통차도 마셔 봤어요.
제임스 : 어땠어요?
민 지 : 정말 좋았어요. 친구가 오면 꼭 한번 가 보세요.
제임스 : 알겠어요. 고마워요.

202p 17과 전주에 가 본 적이 있어요?

듣기 63

동우 : 송영 씨, 뭐 하고 있어요?
송영 : 안동 여행 지도를 보고 있어요. 동우 씨, 안동 여행 해 본 적 있어요?
동우 : 네. 한 번 가 본 적이 있어요.
송영 : 그래요? 안동은 어디가 좋아요?
동우 : 음……. 전 안동 하회 마을이 참 좋았어요.
송영 : 하회 마을요?
동우 : 하회 마을은 한국의 전통 마을이에요. 한번 가 보세요.
송영 : 그럼, 꼭 가 볼게요. 근데 안동에서 뭐 먹으면 좋을까요?
동우 : 찜닭이 유명해요. 찜닭을 꼭 먹어 보세요.
송영 : 그럴게요.

210p 18과 한번 입어 봐도 돼요?

듣기 66

꾸언 : 금정산 입구까지 어떻게 갈까요?
민지 : 지금은 길이 막히니까 지하철을 탑시다.

꾸언 : 저기 지하철이 들어오네요. 어서 탑시다.

민지 : 꾸언, 거기에 앉으면 안 돼요.
꾸언 : 왜요?
민지 : 거기는 노약자석이에요.
보통 노인들이 앉는 자리예요.
꾸언 : 어, 그래요? 몰랐어요.

꾸언 : 어, 저기 자리가 있네요. 우리 저기 앉읍시다.
민지 : 저기도 안 돼요. 저기는 임신한 여성이 앉는 자리예요.
꾸언 : 어, 예전에 앉은 적이 있는데…….
다음부터는 조심할게요.

집필진

조영미 연구책임자
부산대학교 언어교육원 한국어교육 책임강사
부산대학교 일반대학원 한국어교육학 박사

김은정 연구위원
부산대학교 언어교육원 한국어강사
부산대학교 일반대학원 외국어로서의 한국어교육 박사수료

김혜영 연구위원
부산대학교 언어교육원 한국어강사
부산대학교 일반대학원 한국어교육학 박사

김민서 연구위원
부산대학교 언어교육원 한국어강사
가톨릭대학교 일반대학원 한국어교육학 석사

친절한 한국어 1 |초급|

초판 1쇄 발행 2008년 4월 30일
3판 3쇄 발행 2024년 10월 31일

지은이 부산대학교 언어교육원

표지·내지 디자인 배 영 미
내지 편집 박 지 현
일러스트 삽화 이 도 연

펴낸이 차 정 인
펴낸곳 부산대학교 출판문화원
등록 제1983-000001호 1983. 11. 10.
주소 부산광역시 금정구 부산대학로63번길 2
전화 (051) 510-1932, 1933, 1935, 1819
전송 (051) 512-7812
E-mail pnupress@pusan.ac.kr
홈페이지 http://press.pusan.ac.kr

※ 잘못된 책은 바꿔 드립니다.
※ 저자와의 협의하에 인지를 붙이지 아니합니다.
※ 이 책의 일부 혹은 전체 내용을 부산대학교출판부의 허락없이
복사, 복제, 전재하는 것은 저작권법에 저촉됩니다.

값 19,000원

ISBN 978-89-7316-630-5 14710
978-89-7316-600-8 세트